호텔·관광 실무 일본어 회화

한올출판사

머리말

우리 대한민국의 성장에 힘입어 이제 일본은 우리가 마음만 먹으면 훌쩍 다녀올 수도 있는 나라이다. 미주나 유럽에 가고자 할 때의 부담감에 비한다면 실로 수월하게 드나들 수 있는 나라가 된 것이다. 일본 내에서도 한국인을 만나게 되는 일은 그야말로 다반사가 되어버려서, 비즈니스의 현장에서도 관광지에서도 한국인과 중국인들의 일본 점령(?)은 눈부실만한 아시아 파워의 성장을 보여주는 것이라서 반갑기 이를 데 없다.

그런데, 그만큼 우리나라 사람들이 일본에 많이 다녀온다는 말은 이와 관련한 비즈니스의 기회가 그만큼 또 많이 파생된다는 이야기가 된다. 사람이 움직이게 되면 당연히 운송과 숙박, 식사, 볼거리 제공 등의 문제가 해결되어야 하는데, 이를 해결하는 일이 바로 관광업이 아니고 무엇이겠는가? 그리고 이렇듯 굴뚝 없는 거대산업의 파이는 날로 커져만 가는데 우리 관광업계의 현실은 어떠한가?

보다 만족스러운 관광을 위해서는 새로운 아이템의 개발에도 힘을 기울여야 하겠지만, 수준 높은 관광 서비스의 제공은 하드웨어적인 부분보다는 소프트웨어적인 부분, 즉 숙련되고 세련된 인적 자원의 육성에 달려있다고도 볼 수 있을 것이다. 훌륭한 인재를 육성하고 이들을 통해 사업 전반의 시스템을 개선하는 것만이 관광산업의 미래를 밝히는 일이 될 것이다.

이 책은 다년간의 일본 유학 및 다수의 비즈니스 현장에서 느끼고 경험했던 내용을 바탕으로, 관광과 관련된 부분을 중점적으로 추려서 재구성한 일본어 실무학습 교재이다. 특히, 호텔과 항공의 현장에서 일어나는 현장감 넘치는 실무회화를 짧은 기간에 익히는 데는 많은 도움이 될 것으로 생각한다. 또한 실무회화의 내용을 반복적인 연습을 통해 자연스럽게 습득할 수 있도록 유도하였으며, 일본어의 기본적인 문법을 간단하게 병행 소개함으로써 언어의 중추를 탄탄하게 다질 수 있도록 배려하였다.

비행기를 타고 오가는 수많은 과정에서 필자는 항상 일본어를 구사하는 우리나라 승무원들의 응대 내용과 일본어 기내방송을 유심히 듣는다. 그러다가 때로는 승무원들의 오류를 지적해서 알려주기도 하는데, 그 중에는 고맙다는 인사와 함께 열심히 메모를 하는 승무원이 있는가 하면, 건성으로 받아넘기는 듯한 승무원도 있었다.

예를 들어 현지 도착 직전에 날씨에 대한 안내를 하면서 “양호(良好 : りょうこう) 하다고 합니다”라는 멘트를 「りょこう(旅行)とのことです」라고 말하는 승무원들을 심심치 않게 볼 수 있다. 이 말은 일본어의 장음에 대한 인식이나 연습이 부족하다는 것을 단적으로 보여주는 일례이다. 적어도 항공승무원으로 종사한다면 자신이 직업적으로 쓰는 외국어에 대해서는 자부심을 가질 정도가 되어야 할 것이다. 그래야 ‘프로’가 아닐까? 종이에 적은 것을 꺼내들고 가끔씩 더듬거리기도 하며 앵무새처럼 달달 읽어 내려가는 승무원에게 신뢰감이나 좋은 인상을 갖는 승객은 별로 없을 테니까 말이다.

한국과 일본을 왕래하는 인구와 교역량은 날이 갈수록 꾸준한 증가를 보이고 있다. 우리와 국경을 맞댄 나라가 지도상으로는 중국과 러시아지만 현실적으로는 일본이 가장 가까운 나라라는 점은 아마 모두의 공통된 생각일 것이다. 그러나 여전히 일본은 아직 ‘멀고도 가까운 나라’라는 말로 대변되고 있고, 진정한 선린우호의 동반자가 되기에는 많은 아쉬움을 갖게 하는 나라다.

그러나 개인적이나 사업적인 민간 레벨에서 본다면 일본인과 돈독한 교분을 가지면서 우애를 쌓고 있는 경우도 흔히 볼 수 있는 것이 사실이다. 그런데 이것이 국가적인 차원의 이야기가 되면, 역사적인 은원에 대한 감정과 이기적인 정치적 감정들이 개입되어 민간적인 차원에서 쌓아올린 우호의 느낌마저도 흐리게 만드는 것은 실로 유감스러운 일이 아닐 수 없다.

그래도 언젠가는 멀지 않은 미래에 서로를 알고 이해하려는 마음이 우선되는 시대가 반드시 올 것이고, 숙명과도 같은 두 나라의 얽힘은 비로소 진정한 친구의 나라라는 모습으로 정착하게 되는 날이 있을 것임을 확신하고 싶다. 그 과정에서 관광비즈니스에 종사하는 우리의 ‘프로’들의 눈부신 활약을 기대하며, 조만간 내용을 넓힌 후속편이 나오게 되기를 희망한다.

끝으로 이 책을 구성함에 있어서는 현장에서 근무하는 지인들과 동의대학교 호텔관광외식경영학과 교수님들의 도움에 힘입은 바가 크다. 이 자리를 통해 심심한 감사를 드리며, 응원해준 가족들과 타이핑을 도와준 딸 휘진에게도 고마움을 전한다. 이와 같은 배려와 사랑이 없었다면 이 책은 완성하기 어려웠을 것이다.

2011년 1월, 엄동에

저자 일동

이 책에 대해서

전체 구성

본문의 내용은 일본어 초급의 단계를 학습한 학습자가 호텔 및 항공의 관광 실무분야에서 실전형 회화를 연마하기 위한 내용으로 구성하였다. 전반적으로는 커다란 이야기의 흐름을 만들고, 그에 따라 유기적인 관련을 가진 상황을 부분적으로 설정함으로써 일종의 스토리 텔링과 같은 흐름을 따라 흥미를 가지고 학습할 수 있도록 구성하였으며, 생생한 현장의 느낌을 최대한 살리는 데에 역점을 두었다.

각 과의 구성 내용

여행의 사전 예약 및 도착 목적지에서의 입국심사, 세관검사 등 상세한 입국과정과 호텔의 체크인에서부터 체크아웃에 이르기까지의 과정, 귀국 시의 항공 수속 및 면세점 이용 등에 대한 현장감이 충만한 내용으로 구성하였다.

어휘 체크

본문에 등장한 어휘를 특히 한자 어휘를 중심으로 꼼꼼하게 정리하고, 각각의 어휘 앞부분에 체크박스를 두어 학습자가 해당 어휘를 정확하게 이해하고 있는 지를 쉽게 확인할 수 있도록 하였다.

회화 연습

본문에 사용되는 핵심내용을 심화할 수 있는 문형을 중심으로 본문의 중요내용에 대한 이해를 심화할 수 있도록 하였다. 또한 이는 질문을 충분히 이해하고 답함으로써 다음 단계를 준비하는 예비학습의 단계이기도 하다.

TIP

일본어의 학습에 필요하다고 생각되는 참고사항들을 각 과마다 배치하였으며, 자칫 회화에서는 소홀할 수 있는 문법의 핵심도 정리하여 제시하였다. 또한 일본의 문화를 이해하는 데에 도움이 되는 약간의 내용도 추가하였다.

부록

부록의 첫 부분에는 학습자의 이해를 돕기 위해 본문 중의 회화내용에 대한 해석을 수록하였다. 여기서는 기존의 많은 교재에서 볼 수 있는 조금은 어색한 문어체적 말투를 지양하여 가급적 구어체의 말투를 그대로 적는 쪽으로 노력을 기울였다. 특히 일부에는 젊은이들 간에 사용되는 반말투의 말도 등장을 하는데, 일본어 원문 자체도 해석문도 좀 더 원색적이고 함축적인 말투를 인용하고 싶었으나, 만화가 아니라 어디까지나 교재이므로 지나치게 튀는 표현 또한 자제를 하였음을 밝힌다.
회화는 무엇보다도 적절한 어휘의 순발력 있는 구사가 매우 중요하다. 이를 위해 부록의 말미에 의성어, 의태어, 관용구, 경어 등을 정리하여 보다 풍부한 어휘 구사는 물론 호텔실무회화 및 기내항공회화는 물론 전화응대의 실무능력을 향상시킬 수 있도록 경어에 관련한 자세한 설명을 수록하였다.

CONTENTS

第1課　文字と発音 …… 1
第2課　挨　拶 …… 11
第3課　スケジュールの予約 …… 23
第4課　航空会話 1 …… 37
第5課　航空会話 2 …… 53
第6課　航空会話 3 …… 67
第7課　入国の手続き …… 77
第8課　ようこそ、福岡へ …… 87
第9課　チェックイン …… 99
第10課　ホテルの利用 …… 115
第11課　市内観光 …… 125
第12課　チェックアウト …… 137
第13課　帰国の手続き …… 149
第14課　免税店の買い物 …… 161

부 록 …… 171

1. 본문해석 • 170
2. 일본의 경어 • 192
3. 알아두면 편리한 동사 • 201
4. 동사 활용표 • 203
5. 수수표현 • 206
6. 아스펙트 • 209

호|텔|관|광|실|무|일|본|어|회|화

第1課

文字と発音

일본어의 문자

일본어의 표기 수단으로는 한자(漢字), 히라가나(ひらがな), 가타카나(カタカナ), 로마字, 아라비아숫자 등이 사용되는데, 이 가운데 ひらがな와 カタカナ를 「仮名(가나)」라 한다.

백제의 왕인이 일본에 漢字를 전수한 이래, 일본에서도 표의문자인 한자만을 사용하다가 헤이안시대(794~1192)에 이르러 표음문자인 가나문자를 사용하기 시작했으며, 무로마치 시대(1335~1603)에 이르러 비로소 현재 사용되는 가나의 원형이 정리되었다. 가나문자를 표처럼 배열한 것을 오십음도(五十音図)라고 하는데, 원래는 'ん'을 합친 50자이다가 1946년 11월에 '현대 가나사용법'으로 정리되어 현재 총 46자를 쓰고 있다.

1 히라가나(平仮名)

히라가나는 한자(漢字)의 초서체를 응용하여 만든 것으로, 헤이안시대에 주로 여성들이 썼기 때문에 온나데(おんなで)라고 불리기도 했으나, 지금은 일반적인 표기문자로 漢字와 혼용하여 가장 널리 사용되고 있다.

(1) 청음(清音)

段＼行	あ行	か行	さ行	た行	な行	は行	ま行	や行	ら行	わ行	
あ段	あ	か	さ	た	な	は	ま	や	ら	わ	ん
	a	ka	sa	ta	na	ha	ma	ya	ra	wa	n
い段	い	き	し	ち	に	ひ	み		り		
	i	ki	si	chi	ni	hi	mi		ri		
う段	う	く	す	つ	ぬ	ふ	む	ゆ	る		
	u	ku	su	tsu	nu	hu	mu	yu	ru		
え段	え	け	せ	て	ね	へ	め		れ		
	e	ke	se	te	ne	he	me		re		
お段	お	こ	そ	と	の	ほ	も	よ	ろ	を	
	o	ko	so	to	no	ho	mo	yo	ro	o	

TIP 仮名文字는 5개의 段과 10개의 行으로 조직 배열되어 있다. 段은 共同母音으로 배열되어 있고, 行은 共同子音으로 배열되어 있다.(반모음은 예외)

(2) 탁음(濁音)

が行	が	ぎ	ぐ	げ	ご
	ga	gi	gu	ge	go
ざ行	ざ	じ	ず	ぜ	ぞ
	za	zi	zu	ze	zo
だ行	だ	ぢ	づ	で	ど
	da	ji	zu	de	do
ば行	ば	び	ぶ	べ	ぼ
	ba	bi	bu	be	bo

(3) 반탁음(半濁音)

<table>
<tr><td rowspan="2">ぱ行</td><td>ぱ</td><td>ぴ</td><td>ぷ</td><td>ぺ</td><td>ぽ</td></tr>
<tr><td>pa</td><td>pi</td><td>pu</td><td>pe</td><td>po</td></tr>
</table>

(4) 요음(拗音)

きゃ	しゃ	ちゃ	にゃ	ひゃ	みゃ	りゃ	ぎゃ	じゃ	びゃ	ぴゃ
kya	sha	cha	nya	hya	mya	rya	gya	ga	bya	pya
きゅ	しゅ	ちゅ	にゅ	ひゅ	みゅ	りゅ	ぎゅ	じゅ	びゅ	ぴゅ
gyu	shu	chu	nyu	hyu	myu	ryu	gyu	ju	byu	pyu
きょ	しょ	ちょ	にょ	ひょ	みょ	りょ	ぎょ	じょ	びょ	ぴょ
kyo	syo	cho	nyo	hyo	myo	ryo	hyo	jo	byo	pyo

2 가타카나(片仮名)

가타카나는 漢字의 부수나 일부의 획을 떼어내 만든 것으로, 지금은 주로 외래어를 표기하는데 쓰이고, 의성어, 의태어 및 강조하거나 또는 특수한 뉘앙스를 나타낼 때 사용하며, 히라가나와 표기 형태만 다를 뿐 발음은 동일하다.

(1) 청음(清音)

段＼行	ア行	カ行	サ行	タ行	ナ行	ハ行	マ行	ヤ行	ラ行	ワ行	
ア段	ア a	カ ka	サ sa	タ ta	ナ na	ハ ha	マ ma	ヤ ya	ラ ra	ワ wa	ン n
イ段	イ i	キ ki	シ si	チ chi	ニ ni	ヒ hi	ミ mi		リ ri		
ウ段	ウ u	ク ku	ス su	ツ tsu	ヌ nu	フ hu	ム mu	ユ yu	ル ru		
エ段	エ e	ケ ke	セ se	テ te	ネ ne	ヘ he	メ me		レ re		
オ段	オ o	コ ko	ソ so	ト to	ノ no	ホ ho	モ mo	ヨ yo	ロ ro	ヲ o	

(2) 탁음(濁音)

ガ行	ガ ga	ギ gi	グ gu	ゲ ge	ゴ go
ザ行	ザ za	ジ zi	ズ zu	ゼ ze	ゾ zo
ダ行	ダ da	ヂ ji	ヅ zu	デ de	ド do
バ行	バ ba	ビ bi	ブ bu	ベ be	ボ bo

(3) 반탁음(半濁音)

パ行	パ	ピ	プ	ペ	ポ
	pa	pi	pu	pe	po

(4) 요음(拗音)

キャ	シャ	チャ	ニャ	ヒャ	ミャ	リャ	ギャ	ジャ	ビャ	パャ
kya	sha	cha	nya	hya	mya	rya	gya	ga	bya	pya
キュ	シュ	チュ	ニュ	ヒュ	ミュ	リュ	ギュ	ジュ	ビュ	ピュ
gyu	shu	chu	nyu	hyu	myu	ryu	gyu	ju	byu	pyu
キョ	ショ	チョ	ニョ	ヒョ	ニョ	リョ	ギョ	ジョ	ビョ	ピョ
kyo	syo	cho	nyo	hyo	myo	ryo	hyo	jo	byo	pyo

3 漢字

일본어는 가나와 한자(漢字)를 혼용하여 표기하고 있다. 한자는 음독과 훈독의 두 가지 방법으로 읽는다. 그러나 일상에서 모든 한자를 사용하기에는 그 수가 너무 방대하여 일본의 문부성(당시 명)은 1946년 일상생활에서 사용하지 않는 한자와 지나치게 어려운 한자를 제한하려는 뜻으로 당용(當用)한자 1,850자를 제정, 공포하였으며, 이어 1981년에는 1,945자로 늘린 상용(常用)한자를 지정하여 사용하도록 하였다.

특히 1948년에는 당용한자 전부를 의무교육 기간 중(9년)에 습득하기가 너무 어렵다는 이유로 이 가운데 881자를 분리하여 '교육한자'로서 습득하게 하고, 1968년에는 115字의 비고한자를 추가로 지정하여 초등과정에서 1006字를 학습한자로 습득하게 하여 오늘에 이르고 있다.

일본어의 발음

일본어의 발음은 다른 외국어에 비해 우리 한국인들에게는 비교적 쉬운 편이라고 할 수 있는데, 전반적으로는 그렇다 할지라도 세부적으로 살펴보면 습관을 잘 못 들여서 좋지 않은 발음으로 굳어진 학습자들을 종종 볼 수 있다. 특히 촉음(促音)과 발음(撥音), 장음(長音)의 경우 정확하게 구사할 줄 아는 사람이 오히려 적을 정도인데, 잘 구분해서 쓸 줄 알아야 정확하고 세련된 일본어에 접근할 수 있는 것이다. 일본인들과 대화할 때 잘못된 발음은 실제로 소통이 되지 않거나 오해를 부를 수도 있으므로 발음에 좀 더 신경을 써서 익히도록 하자. 특히 우리의 한글맞춤법통일안의 외래어표기기준은 장음이나 요음(拗音)을 무시하거나 발음(撥音)의 경우 'ㄴ'으로 획일화하는 등 본래의 발음과 다른 경우가 많으므로 주의하도록 한다. 참고로 몇 개의 예를 아래에 제시해본다.

ex

おおさか(大阪)	: 오오사카 ➡ 오사카
ほっかいどう(北海道)	: 혹카이도오 ➡ 홋카이도
さっぽろ(札幌)	: 삽포로 ➡ 삿포로
ちゅうぶ(中部)	: 츄우부 ➡ 주부
とうかい(東海)	: 도오카이 ➡ 도카이('都会'로 오해)
しんかんせん(新幹線)が	: 싱칸셍가 ➡ 신칸센가
しんぶん(新聞)を	: 심붕오 ➡ 신분오(일본인에게는 'しんぶの'로 들림)

(1) 촉음(促音)

막힌 소리. 「つ」자를 앞 글자 뒤에 작게 표기하여 한 박자의 길이로 발음한다. 발음(撥音) 'ん'과 함께 한글의 받침과 같은 구실을 한다. 다음에 오는 첫 음절의 자음(초성)과 동일한 발음의 되어 발음을 자연스럽게 이루도록 한다. 촉음의 발음에는 다음의 네 가지가 있다. 외래어의 경우에는 'ベッド'나 'バッグ'처럼 탁음 앞에도 촉음이 오는 경우가 있다.

가) か行앞「k」

① けっこう(結構)　② よっか(４日)　③ すっきり

④ しゃっくり　⑤ じっけん(実験)

나) た行앞「t」

① いったい　② きっと　③ きって(切手)

④ マッチ　⑤ むっつ(六つ)

다) さ行앞「s」

① きっさてん(喫茶店)　② ざっし(雑誌)　③ じっさい(実際)

④ けっそく(結束)　⑤ はっせんえん(八千円)

라) ぱ行앞「p」

① しっぱい(失敗)　② がっぺい(合併)　③ きっぷ(切符)

④ けっぴん(欠品)　⑤ てっぽう(鉄砲)

마) 탁음 앞 [d, g, dz, ʤ]

① ヘッド(head)　② バッグ(bag)　③ グッズ(goods)

(2) 발음(撥音)

발음「ん」은 한 음절을 차지하고 받침으로만 쓰며, 정확하게는 다섯 가지 발음이 난다.

가) ば、ぱ、ま行앞〔m〕

① おんぱ(音波)　② さんびか(賛美歌)　③ さんま(秋刀魚)

④ しんぴ(神秘)　⑤ ぶんぼうぐ(文房具)

나) か、が行앞〔ŋ〕

① にんき(人気)　② しんこく(申告)　③ こんげん(根元)

④ さんか(参加)　⑤ まんが(漫画)

다) さ、ざ、た、だ、な、ら行앞 〔n〕

① は<u>ん</u>せい(反省) ② は<u>ん</u>ざい(犯罪)

③ は<u>ん</u>たい(反対) ④ き<u>ん</u>だい(近代)

⑤ あ<u>ん</u>ない(案内) ⑥ あ<u>ん</u>らくし(安楽死)

라) 어말(語末)은 〔ŋ〕에 가까운 음 〔N〕

① ひょうほ<u>ん</u>(標本) ② でんご<u>ん</u>(伝言)

③ ありませ<u>ん</u>

마) あ、や、わ、は行앞 비모음(鼻母音)***

① な<u>ん</u>いど(難易度) ② し<u>ん</u>ゆう(親友)

③ か<u>ん</u>わ(緩和) ④ よ<u>ん</u>はい(四杯)

*** 입모양은 후속모음 및 반모음과 거의 같으나, 비음으로 발음하는 음이다.

(3) 장음(長音)

한 단어의 가운데 앞에 오는 음소와 뒤에 오는 음(音)이 같을 때 따로 발음하지 않고 한 음절처럼 길게 발음하는 소리. 長音化되는 것은 오십음도 중「あ、い、う、え、お」뿐이다. 가타카나(カタカナ)의 경우 장음의 표기는 '–'로 한다.

가) あ段音 다음에「あ」가 올 경우

① おか<u>あ</u>さん ② おば<u>あ</u>さん

③ ハンバ<u>ー</u>グ ④ ま<u>あ</u>ま<u>あ</u>

나) い段音 다음에「い」가 올 경우

① おじ<u>い</u>さん ② い<u>い</u>

③ ビ<u>ー</u>ル ④ おおき<u>い</u>

다) う段音 다음에「う」가 올 경우

① ふ<u>う</u>ふ(夫婦) ② す<u>う</u>じ(数字)

③ りゅ<u>う</u>こう(流行)

라) え段音 다음에 「え」 또는 「い」가 올 경우

① おねえさん　② せんせい(先生)
③ えいご(英語)　④ とけい(時計)

마) お段音 다음에 「お」 또는 「う」가 올 경우

① おおい(多い)　② とおり(通り)
③ ほうこう(方向)　④ とうきょう(東京)

(4) 모음의 무성화(母音の無声化)

일본어에서는 모음이 무성자음 사이에 끼게 되면 원래의 유성음이 무성화 된다. 예를 들어, 「く」음 다음에 「さ」,「た」行의 音이 올 때 〔ku〕의 모음 〔u〕가 거의 들리지 않는 경우가 있는데 이를 '모음의 무성화'라고 하며, 한글의 받침이나 일본어의 촉음과 비슷한 발음이 나게 된다. 또한 문장의 마지막에 오는 「です」와 「ます」의 경우도 〔su〕의 〔u〕가 무성화 된다.

① たくさん　② やくそく(約束)
③ がくせい(学生)　④ ネクタイ
⑤ タクシー　⑥ です / ます

(5) 기타

조사의 발음이 원래의 음가에서 바뀌는 경우

①「は」는 조사로 쓰일 때 〔wa〕로 발음한다.
②「へ」는 조사로 쓰일 때 〔e〕로 발음한다.

第2課

挨拶

基本挨拶

1)	おはようございます	아침인사.
2)	こんにちは	점심인사.
3)	こんばんは	저녁인사.
4)	おやすみなさい	안녕히 주무세요.
5)	さよなら / さようなら	안녕히 가세요(계세요)
6)	はじめまして	처음 뵙겠습니다.
7)	よろしくお願いします	잘 부탁드립니다.
8)	すみません	미안합니다.
9)	失礼します / 失礼しました	실례합니다 / 실례했습니다.
10)	ごめんなさい	죄송합니다.
11)	ごめんください	누구 안 계십니까?(남의 집 방문 시)
12)	ありがとうございます(ました)	고맙습니다.
13)	どういたしまして	천만에요.
14)	いただきます	잘 먹겠습니다.
15)	ごちそうさまでした	잘 먹었습니다.
16)	いらっしゃいませ	어서 오십시오.
17)	行ってきます	다녀오겠습니다.
18)	いっていらっしゃい	잘 다녀오세요.
19)	ただいま	잘 다녀왔습니다.
20)	お帰りなさい	어서 오세요(잘 다녀왔니?)
21)	お元気ですか	건강하십니까?(안녕하십니까?)
22)	では(じゃ)、また	그럼, 다음에 또(만나요)

基本会話

初対面

吉村 ：おはようございます。久しぶりですね、ドンスさん。

東守 ：ようこそ、吉村さん。お元気でしたか。紹介いたします。
こちらは、私の友達の李です。

美恩 ：はじめまして、私は李美恩(イ·ミウン)と申します。
よろしくお願いします。

吉村 ：はじめまして、吉村富士男(よしむらふじお)です。こちらこそよろしく。
李美恩さんもガイドさんですか。

美恩 ：はい、私も彼と同じ旅行会社のガイドです。
これは私の名刺です。どうぞ。

吉村 ：はい、これは私のです。
今回の旅行は仕事ではなく、プライベートで来ました。
それで、釜山の名所を見ながら、おいしい食べ物もたくさん　食べてみたいと思います。

美恩 ：はい、分かりました。釜山のいい所をご案内いたします。
では、吉村さん。まず、ホテルに行きましょうか。

吉村 ：はい、そうしましょう。

東守 ：荷物はこれだけですか。私がお持ちいたします。

吉村 ：ありがとう。しかし、釜山の景色はなかなかいいですね。

美恩 ：釜山は、韓国一の港町で、海風が爽やかですよ。

東守 ：食べ物も美味しくて、特に新鮮な魚介類がいっぱいです。

吉村 ：それは楽しみですね。どうか、よろしく。

어휘 체크

- ☐ 挨拶(あいさつ)
- ☐ 元気(げんき)
- ☐ 友達(ともだち)
- ☐ ガイド
- ☐ 名刺(めいし)
- ☐ 釜山(プサン)
- ☐ 申(もう)す
- ☐ 美味(おい)しい
- ☐ 分(わ)かる
- ☐ 行(い)く
- ☐ だけ
- ☐ 景色(けしき)
- ☐ 海風(うみかぜ)
- ☐ いい(よい)
- ☐ 楽(たの)しみ
- ☐ いっぱい
- ☐ 大学生(だいがくせい)
- ☐ 初対面(しょたいめん)
- ☐ 紹介(しょうかい)
- ☐ 旅行(りょこう)
- ☐ 会社(かいしゃ)
- ☐ 今回(こんかい)
- ☐ プライベート
- ☐ 名所(めいしょ)
- ☐ 食(た)べ物(もの)
- ☐ ホテル
- ☐ 荷物(にもつ)
- ☐ 持(も)つ
- ☐ 港町(みなとまち)
- ☐ 爽(さわ)やかだ
- ☐ 新鮮(しんせん)だ
- ☐ 魚介類(ぎょかいるい)
- ☐ どうか
- ☐ 会社員(かいしゃいん)

会話 練習

朴：はじめまして、私は朴と申します。
どうぞ(　　　　　　　　　　　　　　　　　　　　　　　　　　)

崔：(　　　　　　　　　　　) 私は崔です。
(　　　　　　　) どうぞよろしくお願いします。

朴：朴さんは学生ですか。

崔：はい、私は大学生です。
朴さんも学生ですか。

朴：いいえ、私は学生ではありません。会社員です。

文型 및 文法

❶ NはNです。(N은 N입니다)

「~は」는 그 문장의 주체를 나타내는 주격조사이며, 〔WA〕로 발음한다. 「~です」는 판단이나 단정의 뜻을 나타내는 단정의 조동사 「~だ : ~이다」의 정중한 표현이다. 「~です」의 부정문은 Nではありません(~이 아닙니다)으로 나타낸다.

ex 私は、ソウル外国語大学の学生です。
李先生は英語学科の先生ではありません。

❷ 조사 「~で」(~으로)

조사 「~で」는 수단, 방법, 도구 등을 나타낸다.

ex 学校はバスで行きます。(학교는 버스로 갑니다)
勉強はインターネットでします。(공부는 인터넷으로 합니다)
箸でご飯を食べます。(젓가락으로 밥을 먹습니다)

❸ 격조사 「の」의 용법

1) 소유를 나타낸다.

ex 私の本(나의 책) / あなたのノート(당신의 공책)

2) 소유를 나타내는 「の」뒤에 오는 명사를 생략해도 의미를 알 수 있을 때에는 생략하는 경우가 많다. 단, 뒤에 오는 명사가 사람일 경우에는 생략하지 않는다.

ex これはあなたの傘ですか。 ☞ はい、私の(傘)です。
(이것은 당신의 우산입니까?) ☞ (예, 나의 것(우산)입니다.)
あたたは英語学科の学生ですか。 ☞ はい、英語学科の学生です。
(당신은 영어학과의 학생입니까?) ☞ (예, 영어학과 학생입니다)

❹ ~ですか(~입니까?)

「~ですか」는 명사, 형용사, 형용동사에 수반하여 사용되는 「~です」의 의문체이다.

ex これは窓ですか。(이것은 창문입니까?)

❺ ~と申します(~라고 합니다.)

「~です」의 겸양체로, 본인의 이름을 정중하게 소개할 때 쓴다.

ex 私は金と申します。(나는 김이라고 합니다)

❻ ~ながら(~하면서, ~인 채로)

「~ながら」에서 앞뒤 동사가 모두 동작 동사일 때는 동시진행의 병행동작을 나타낸다. 그 밖에 「ながら(に) / ~ながらの+명사」의 형태로 '~인 채로'라는 의미가 되기도 한다.

TIP ながら의 관용표현 알아보기
生れながらに、涙ながらに、昔ながらに、いつもながら、生きながらに

• 지시대명사

	근칭(近稱)	중칭(中稱)	원칭(遠稱)	부정칭(不定稱)
사물(事物)	これ	それ	あれ	どれ
장소(場所)	ここ	そこ	あそこ	どこ
방향(方向)	こちら	そちら	あちら	どちら
성상(性狀)	こう このように	そう そのように	ああ あのように	どう どのように

1) 근칭은 화자(話者)와 가까이에 있는 것을 가리킬 때 쓰는 표현이다.

ex これは鉛筆だ。(이것은 연필이다)
これはノートです。(이것은 공책입니다)

2) 중칭은 청자(聽者)와 가까이에 있는 것을 가리킬 때 쓰는 표현이다.

ex それは人形だ。(그것은 인형이다)

それはテレビです。(그것은 텔레비전입니다.)

3) 원칭은 화자(話者)와 청자(聽者) 모두로부터 먼 곳에 있는 것을 가리킬 때 쓰는 표현이다.

ex あれは新聞だ。(저것은 신문이다)

あれは窓です。(저것은 창문입니다)

4) 부정칭(不定稱)은 가리키는 것이 일정하지 않을 때 사용하며, 반드시 의문문을 수반한다.

ex 玄関はどちらですか。(현관은 어느 쪽입니까?)

あなたの時計はどれですか。(당신 시계는 어느 것입니까?)

• 지시대명사의 의문형

1) 「これ」로 물으면 「それ」로, 「それ」로 물으면 「これ」로, 「あれ」로 물으면 「あれ」로 대답한다.

ex これはテーブルですか。 ☞ はい、それはテーブルです。

(이것은 테이블입니까?) ☞ (예. 그것은 테이블입니다)

ex それは何ですか。 ☞ これは紅茶です。

(그것은 무엇입니까) ☞ (이것은 홍차입니다)

ex あれはパソコンですか。 ☞ あれはビデオです。

(저것은 개인용 컴퓨터입니까?) ☞ (저것은 비디오입니다)

※ 의문사 「か」에 의해 열거된 몇 개의 선택지 중에서 하나를 선택하는 경우에는 그 대답에 「はい」나 「いいえ」를 사용하지 않는다.

ex これは雑誌ですか、漫画ですか。(이것은 잡지입니까, 만화책입니까?)

それは漫画です。(그것은 만화책입니다)

※ 사람을 가리키는 말 뒤에 장소를 나타내는 말이 오면 그 장소에 그 사람이 있음을 의미한다.

ex 山室さんはどこですか。(야마무로씨는 어디에 있습니까?)

山室さんは図書館です。(지우씨는 도서관에 있습니다)

※ 「どこ」와 「どちら」는 장소나 방향을 나타내는 뜻 이외에 소속을 나타내는 용도로 쓰이는 경우도 있다.

ex どちらさまでしょうか。(어디서 오셨는지요?)

任天堂のものですが。(닌텐도 직원입니다만.)

• 인칭대명사

自 稱	対 稱	他 稱			不定稱
		近稱	中稱	遠稱	
私(わたし·わたくし)	あなた	この人	その人	あの人	どの人
					どの方
僕(ぼく)	おまえ	この方	その方	あの方	だれ
俺(おれ)	きみ				どなた

※ 「ぼく」와「おれ」는 남성 전용어이다.

※ 「あなた」는 아내가 남편을 호칭할 때, '여보'나 '당신'의 의미로도 쓰인다.

• 연체사

こんな(이런)	そんな(그런)	あんな(저런)	どんな(어떤)
このような (이와 같은)	そのような (그와 같은)	あのような (저와 같은)	どのような (어떠한)
大きな (큰)	小さな (작은)	おかしな (이상한,웃기는)	ある(或) (어떤, 어느)

☞ 「どんな」와 「ある」는 한국어로 동일하게 '어떤'으로 해석되지만, 「どんな」는 의문, 「ある」는 불특정 선택의 의미를 나타낸다.

ex 어떤 사람이 있었습니까? ☞ どんな人がいましたか。
어떤 사람이 있었습니다. ☞ ある人がいました。

☞ 「おかしな」는 '이상한'이라는 뜻이지만, '웃기는'이라는 의미도 포함되어 있다.

ex おかしな人(이상한 사람, 웃기는 사람)

日本人の挨拶

日本は昔から畳の上で生活をしてきました。そのため、礼儀作法は畳の上からたくさん生まれました。お辞儀もそのひとつです。日本人は人に会うとき、感謝の言葉を述べるとき、謝るときなどは、言葉を述べるだけでなくお辞儀をするのが礼儀です。もともとは、身分の高い人に対して直接目を会わせないように頭を下げて自分の身を低くすることにより、謙虚さを表現していたことから始まりました。

みなさんは日本で武士が活躍していた時代のテレビドラマ(時代劇といいます) を見たことがありますか。お辞儀は武家(武士の家筋) 社会において、身分の高い人に対して敬意を表す行為でした。時代劇で良く出てきるように、もともとは畳の上で行う礼儀ですので正式なお辞儀は座って行います。これを「座礼」といいます。和服(着物といいます) を着ていた時代の礼儀ですので、畳の上で行う座礼本来の正式なお辞儀ですが、畳の部屋が少なくなった現代では、立ったままお辞儀をする「立礼」が主流になっています。立礼には「会釈」、「敬礼」、「最敬礼」の３種類があります。

• 立礼の種類

お辞儀の種類	**体の角度**	**お辞儀の使い分けと使い方**
会釈(軽いお辞儀)	15度	• 朝夕の挨拶 • 人とすれ違うとき • 入室や退室のとき
敬礼(普通のお辞儀)	30度	• 目上の人やお客様への挨拶 • お客様のお迎え·お見送り
最敬礼(丁寧なお辞儀)	45度	• 感謝や御礼の気持ちを表すとき • 相手に迷惑をかけたとき（お詫び）

1) お辞儀(立礼)のポイント

お辞儀は自分の気持ちを伝える手段です。スマートなお辞儀は相手にとっても気持ちの良いものです。

• 足の先を揃えて(つま先は軽く開く)　背中が丸くならないように背筋を伸ばす。

- 手の位地は、男性はズボンの外側の縫い目に沿わせて軽く伸ばす、
  女性は両手を前で軽く重ねる。
- お辞儀の前に相手の目を見て、言葉を掛ける。
  (言葉とお辞儀は同時にしない)
- あごを引き、視線は足元よりやや前方に落とし、腰からゆっくりと
  上半身を傾ける。(このときの体の角度に気をつける)
- 少し間をおいてゆっくりと上半身を起こす。

Memo

第3課

スケジュールの予約

基本会話

スケジュールの予約 1

杉　原： はい、サクラ観光の杉原でございます。

崔秀姫： もしもし、予約担当の杉原さんですね。こちらは韓国ムグンファ観光の崔秀姫です。こんにちは。お元気でしょうか。

杉　原： あら、秀姫さん。いつもお世話になっております。お元気でしたか。私は元気ですよ。相変わらず忙しいようですね。皆さんお元気でやっていらっしゃいますか。

崔秀姫： はい、おかげさまで私もみんなも元気でやっております。早速ですが、実は来月の８月に、こちらから九州へお送りしたい団体の予約の件でお電話をさしあげたのですが。

杉　原： あ、そうですか。何名様で、何泊のご予定でしょうか。

崔秀姫： 添乗を入れて16人で、5泊6日です。長崎、熊本、鹿児島、宮崎、別府を廻る１周コースを組んでいただきたいんですが、4日目までは貸切りのバスで、5日目は福岡で自由観光です。大学に寄ったり、知り合いに会う予定の方もいますので。

杉　原： わかりました。必ず入れておくべき名所はどこでしょうか。

崔秀姫： ハウステンボス、阿蘇山、熊本城、桜島に、オーシャンドームと地獄巡りですね。あ、大宰府天満宮も入れてください。

杉　原： はい、分かりました。では、予約のために例のお客様名簿をメールでお送りください。それと、ホテルはどうしましょうか。

崔秀姫： ええと、博多駅に近い観光ホテルのクラスでお願いします。

杉　原： わかりました。他にご希望はあるんでしょうか。

崔秀姫： あとは食事のことですが、日本の伝統食をベースに組んでください。その他の詳細については、メールでお知らせします。

杉　原： はい、わかりました。今日は水曜ですから、遅くとも金曜までには仮案を立ててお送りしたいと思います。

崔秀姫： そうですね。では、よろしくお願いします。

スケジュールの予約 2

杉　原：はい、サクラ観光の杉原でございます。

崔秀姫：もしもし、杉原さんですね。韓国の崔秀姫です。おはようございます。

杉　原：あら、秀姫さん。おはようございます。このあいだはどうもありがとうございました。

崔秀姫：いいえ、こちらこそお世話になりました。お礼をいいます。今日は、きのう予約した学生団体の件について、ちょっと変更したいことがありましたので、連絡しましたけど。

杉　原：あ、そうですか。どういうことでしょうか。

崔秀姫：本当に申し訳ないんですけど、例の学生団体のホテル代が、予算から多少オーバーしているそうで、できれば、合宿センターなどに変更したいとのことです。

杉　原：あ、そうですか。まだ半月も残っていますので、変更は十分可能でしょう。そういうことでしたら、合宿センターのグリーンピアはいかがでしょうか。１泊２食で4,500円ですが。

崔秀姫：そのほうがよさそうですね。では、それでお願いします。

杉　原：北九州レールパスはご利用になりませんか。鉄道と船と、バスが３日間乗り放題で、お値段は１人当り7,000円です。

崔秀姫：ちょっと高いですね。バスだけのパスはありませんか。

杉　原：サンキューパスというのがありますが、日本は鉄道のほうが便利なので、レールパスをお勧めしたいと思います。

崔秀姫：わかりました。引率の先生と相談してから今日中にお電話さしあげたいと思います。どうもありがとうございました。

スケジュールの予約 3

雄　二：はい、もしもし、雄二ですが。

李守美：雄二君? おはよう。あたし、守美なんだけど、電話いいの。

雄　二：電話はいいけどさ、いったいどうしたんだよ。

李守美：ごめんね。学期末のテストのことで、気がきでなかったのよ。試験はまるでだめだったけど、ヘッへへ。

雄　二：そっか。１週間も連絡なかったんだから、おれはもう来ないと思っていたんだよ。で、結局、どうなったの。

李守美：父の許可はやっとおりたんだけど、予定を変更して８月の５日から10日まで、団体ツアーで行くことになったわ。

雄　二：えっ、１人でプライベートで来るんじゃなかったの。

李守美：それがね。12日から17日までの元々日程はどうしても飛行機の切符が取れないのよ。今年の８月15日は土日を挟んだ３連休だから、夏休みを利用して海外へ行く人でいっぱいなのよ。

雄　二：それみろってんだよ。だから急げとゆったじゃん。

李守美：変なこといわないでよ。団体の切符だってキャンセル待ちでやっと取れたんだから。それより16日は自由観光なんだ。丸１日開けておいてね。九州大へ行ってみんなに会わなくっちゃ。

雄　二：わかった。じゃ、サークルのみんなにはそう伝えとくよ。暑いだろうから早めに動こうぜ。８時がいいと思うけどな。

李守美：うん。いいと思うけど、午後はどうするつもり。

雄　二：天神で昼飯食ってからどっか行こうよ。どこへ行きたいの。

李守美：そうね。福岡の市内は去年ほとんど観たから、今度は余所行きたいわ。あたし、前から小倉と下関へ行ってみたかったんだけど、そこ行かない。関門海峡も観られるし。ねえ、行こうよ。

雄　二：よし、わかった。じゃ、晩飯は下関でふぐ三昧だね。

語彙チェック

スケジュールの予約 1

- □ 予約(よやく)
- □ 担当(たんとう)
- □ 相変(あいか)わらず
- □ 早速(さっそく)
- □ 電話(でんわ)
- □ 添乗員(てんじょういん)
- □ 長崎(ながさき)
- □ 鹿児島(かごしま)
- □ 別府(べっぷ)
- □ 福岡(ふくおか)
- □ 大学(だいがく)
- □ 必(かなら)ず
- □ 阿蘇山(あそさん)
- □ 桜島(さくらじま)
- □ 大宰府(だざいふ)
- □ お客様(きゃくさま)
- □ 博多駅(はかたえき)
- □ 食事(しょくじ)
- □ 詳細(しょうさい)
- □ 金曜日(きんようび)
- □ 観光(かんこう)
- □ 世話(せわ)
- □ 忙(いそが)しい
- □ 団体(だんたい)
- □ 予定(よてい)
- □ 5泊6日(ごはくむいか)
- □ 熊本(くまもと)
- □ 宮崎(みやざき)
- □ 貸切(かしき)り
- □ 自由(じゆう)
- □ 知(し)り合(あ)い
- □ 名所(めいしょ)
- □ 熊本城(くまもとじょう)
- □ 地獄巡(じごくめぐ)り
- □ 天満宮(てんまんぐう)
- □ 名簿(めいぼ)
- □ 希望(きぼう)
- □ 伝統(でんとう)
- □ 水曜日(すいようび)
- □ 仮案(かりあん)

スケジュールの予約 2

- □ 韓国(かんこく)
- □ 今日(きょう)
- □ 変更(へんこう)
- □ 本当(ほんとう)
- □ 予算(よさん)
- □ 合宿(がっしゅく)
- □ 残(のこ)る
- □ 可能(かのう)
- □ 北九州(きたきゅうしゅう)
- □ 鉄道(てつどう)
- □ ３日間(みっかかん)
- □ 値段(ねだん)
- □ 高(たか)い
- □ お勧(すす)め
- □ 引率(いんそつ)
- □ 今日中(きょうじゅう)
- □ お礼(れい)
- □ 学生(がくせい)
- □ 連絡(れんらく)
- □ 申(もう)し訳(わけ)ない
- □ 多少(たしょう)
- □ 半月(はんつき)
- □ 十分(じゅうぶん)
- □ １泊２食(いっぱくにしょく)
- □ 利用(りよう)
- □ 船(ふね)
- □ 乗(の)り放題(ほうだい)
- □ １人当(ひとりあた)り
- □ 便利(べんり)
- □ 思(おも)う
- □ 相談(そうだん)

スケジュールの予約 3

- □ 雄二(ゆうじ)
- □ 試験(しけん)
- □ 結局(けっきょく)
- □ 許可(きょか)
- □ 日程(にってい)
- □ 切符(きっぷ)
- □ 挟(はさ)む
- □ 夏休(なつやす)み
- □ 丸１日(まるいちにち)
- □ 暑(あつ)い
- □ 午後(ごご)
- □ 昼飯(ひるめし)
- □ 市内(しない)
- □ 今度(こんど)
- □ 小倉(こくら)
- □ 晩飯(ばんめし)
- □ 関門海峡(かんもんかいきょう)
- □ 学期末(がっきまつ)
- □ １週間(いっしゅうかん)
- □ 父(ちち)
- □ 元々(もともと)
- □ 飛行機(ひこうき)
- □ 今年(ことし)
- □ ３連休(さんれんきゅう)
- □ 海外(かいがい)
- □ 九州大(きゅうしゅうだい)
- □ 早(はや)め
- □ 天神(てんじん)
- □ 食(く)う
- □ 去年(きょねん)
- □ 余所(よそ)
- □ 下関(しものせき)
- □ 三昧(さんまい)

日本の祝日

一月一日	元日(がんじつ) (설날)
一月、第二の月曜日	成人(せいじん)の日(ひ) (성인의 날) 성인이 된 청년을 축하하는 날
二月十一日	建国記念(けんこくきねん)の日(ひ) (건국기념일)
三月二十一日	春分(しゅんぶん)の日(ひ) (춘분) 자연을 기리고 생물을 사랑하는 날
四月二十九日	昭和(しょうわ)の日(ひ) (쇼와의 날) 격동기를 살다 간 昭和天皇의 생일을 기념
五月三日	憲法記念日(けんぽうきねんび) (헌법기념일)
五月四日	緑(みどり)の日(ひ) (녹색의 날)
五月五日	こどもの日(ひ) (어린이 날)
七月、第三の月曜日	海(うみ)の日(ひ) (바다의 날)
九月、第三の月曜日	敬老(けいろう)の日(ひ) (경로의 날)
九月二十二日	国民(こくみん)の休日(きゅうじつ) (국민의 휴일 : 유동적) 경로의 날과 추분 사이의 날을 휴일로 만듦
九月二十三日	秋分(しゅうぶん)の日(ひ) (추분) 조상을 숭배하고 돌아가신 분을 기리는 날
十月、第二の月曜日	体育(たいいく)の日(ひ) (체육의 날)
十一月三日	文化(ぶんか)の日(ひ) (문화의 날)
十一月二十三日	勤労感謝(きんろうかんしゃ)の日(ひ) (근로 감사의 날)
十二月二十三日	天皇誕生日(てんのうたんじょうび) (천황생일) 현재의 平成天皇의 생일

会話練習

ア： 大浴場はどちらですか。

イ： 大浴場はホテルの12階でございます。
　　 大浴場はあちらを右に曲がるとございます。

ア： ターミナルはどちらですか。

イ： ターミナルはあちらの方にございます。

ア： 朝食のレストランはどこですか。

イ： ホテルの別館の5階でございます。

ア： 免税店ではパスポートが要りますか。

イ： はい、パスポートがないとご利用いただけません。

文型及び文法

❶ ~たい(~하고 싶다)

동작의 희망이나 의지를 나타내는 의미로서, 동사의 연용형에 접속된다. 「水が飲みたい」의 경우는 주스나 술 등이 아닌 「물」을 강조하는 것이며, 「水をのみたい」의 경우는 갈증에 의해 물뿐만 아니라, 그 외의 무엇이라도 「마시고 싶다」를 강조하여 나타내는 말이다. 그러나 현대어에 있어서는 모두 사용이 가능하다.

ex こんどの夏休みには日本に行きたいです。
動物園に一度行ってみたいですね。

❷ ~てみる(~해보다)

「~てみる」는 '시험 삼아서 해보다'는 의미로 사용되며, 주로 의지성 동사가 사용된다. 이러한 표현으로 자주 쓰이는 동사로는 다음과 같은 것을 들 수 있다.

1) 감각의 작용을 나타내는 동사 : 見る, 聞く, 味わう, 触る, 覗く등
2) 감각의 작용을 돕는 동작을 나타내는 동사 : 開ける, 近づく등
3) 사고나 조사활동을 나타내는 동사 : 調べる, 探す, 探る, 考える 등

이외에도 인간의 의지를 나타내는 많은 동사들과 어울려 사용된다.

※ 「~てみると、~」의 경우에는 시험 삼아서 행하는 동작에 해당되지 않을 때가 있다. 이 경우는 무의지성의 동사나 자연현상을 나타내는 동사를 받게 된다.

ex 朝起きてみると、周りが真っ白になっていた。
아침에 일어나 보니, 주위가 새하얗게 되어 있었다.

帰ってきてみると、もう古い家はなかった。
돌아와 보니, 이미 옛집은 없었다.

ex どうしたら日本語が上手になるかと聞いてみると、「毎日勉強することです」という答えが返ってきた。(의지성 동사)

ex 昨夜の興奮と苛立ちも、夜が明けてみると、まるで嘘のようだった。
(무의지성 동사)

③ ~ので(~때문에, ~이니까)

1) 접속 : 용언·조동사의 연체형에 이어진다.
2) 의미 : 순접의 확정조건(당연한 결과인 이유, 원인)을 나타낸다.

ex 冬が来たので寒くなった。/ 気候がよいので暮らしやすい。

④ ~のに(~인데)

「のに」는 이야기하는 것과 반대의 일을 나타내는 접속조사로, ~하는데, ~인데라는 뜻을 가지고 있으며 연체형에 접속된다. 「けれども」, 「が」는 앞 내용과 뒤에 오는 내용이 대립관계에 있을 때 쓰이지만, 「のに」는 기대나 예상에 반하는 사태에 직면했을 때 주로 사용되며, 말하는 이의 안타까운 기분을 나타낸다.

1) 접속 : 용언이나 조동사의 연체형에 이어진다.
2) 의미 : 역접의 확정조건을 나타낸다. (~인데도, ~인데 = けれども)

ex 知っているのに知らんぷりをしてとぼけている。

• 数 / 숫자

一(いち)	二(に)	三(さん)	四(よん)	五(ご)
六(ろく)	七(しち)	八(はち)	九(きゅう)	十(じゅう)
二十(にじゅう)	三十(さんじゅう)	四十(よんじゅう)	五十(ごじゅう)	六十(ろくじゅう)
七十(ななじゅう)	八十(はちじゅう)	九十(きゅうじゅう)		
百(ひゃく)	二百(にひゃく)	三百(さんびゃく)	四百(よんひゃく)	五百(ごひゃく)
六百(ろっぴゃく)	七百(ななひゃく)	八百(はっぴゃく)	九百(きゅうひゃく)	
千(せん)	二千(にせん)	三千(さんぜん)	四千(よんせん)	五千(ごせん)
六千(ろくせん)	七千(ななせん)	八千(はっせん)	九千(きゅうせん)	一万(いちまん)

• 人 / 사람

一人(ひとり)	二人(ふたり)	三人(さんにん)	四人(よにん)	五人(ごにん)	六人(ろくにん)
七人/七人(ななにん しちにん)	八人(はちにん)	九人(きゅうにん)	十人(じゅうにん)	何人(なんにん)	

• 月 / 월

一月(いちがつ)	二月(にがつ)	三月(さんがつ)	四月(しがつ)	五月(ごがつ)	六月(ろくがつ)
七月(しちがつ)	八月(はちがつ)	九月(くがつ)	十月(じゅうがつ)	十一月(じゅういちがつ)	十二月(じゅうにがつ)

• 年 / 년

一年(いちねん)	二年(にねん)	三年(さんねん)	四年(よねん)	五年(ごねん)	六年(ろくねん)	七年・七年(ななねん しちねん)
八年(はちねん)	九年(きゅうねん)	十年(じゅうねん)	十一年(じゅういちねん)	十二年(じゅうにねん)	十三年(じゅうさんねん)	何年(なんねん)

• ヶ月 / 개월

一ケ月(いっかげつ)	二ケ月(にかげつ)	三ケ月(さんかげつ)	四ケ月(よんかげつ)	五ケ月(ごかげつ)	六ケ月(ろっかげつ)	七ケ月(ななかげつ)
八ケ月(はっかげつ) 八ケ月(はちかげつ)	九ケ月(きゅうかげつ)	十ケ月(じゅっかげつ) 十ケ月(じっかげつ)	十一ケ月(じゅういっかげつ)	十二ケ月(じゅうにかげつ)	十三ケ月(じゅうさん かげつ)	何カ月(なんかげつ)

• 週間 / 주간(주일)

一週間(いっしゅうかん)	二週間(にしゅうかん)	三週間(さんしゅうかん)	四週間(よんしゅうかん)	五週間(ごしゅうかん)	六週間(ろくしゅうかん)	七週間(ななしゅうかん)
八週間(はっしゅうかん)	九週間(きゅうしゅうかん)	十週間(じゅっしゅうかん)	十一週間(じゅういっしゅうかん)	十二週間(じゅうにしゅうかん)	十三週間(じゅうさんしゅうかん)	何週間(なんしゅうかん)

• 季節(계절)

春	夏	秋	冬	春夏秋冬
はる	なつ	あき	ふゆ	しゅんかしゅうとう

• 方向(방향)

東	西	南	北	東西南北
ひがし	にし	みなみ	きた	とうざいなんぼく

日本の地域区分と都道府県

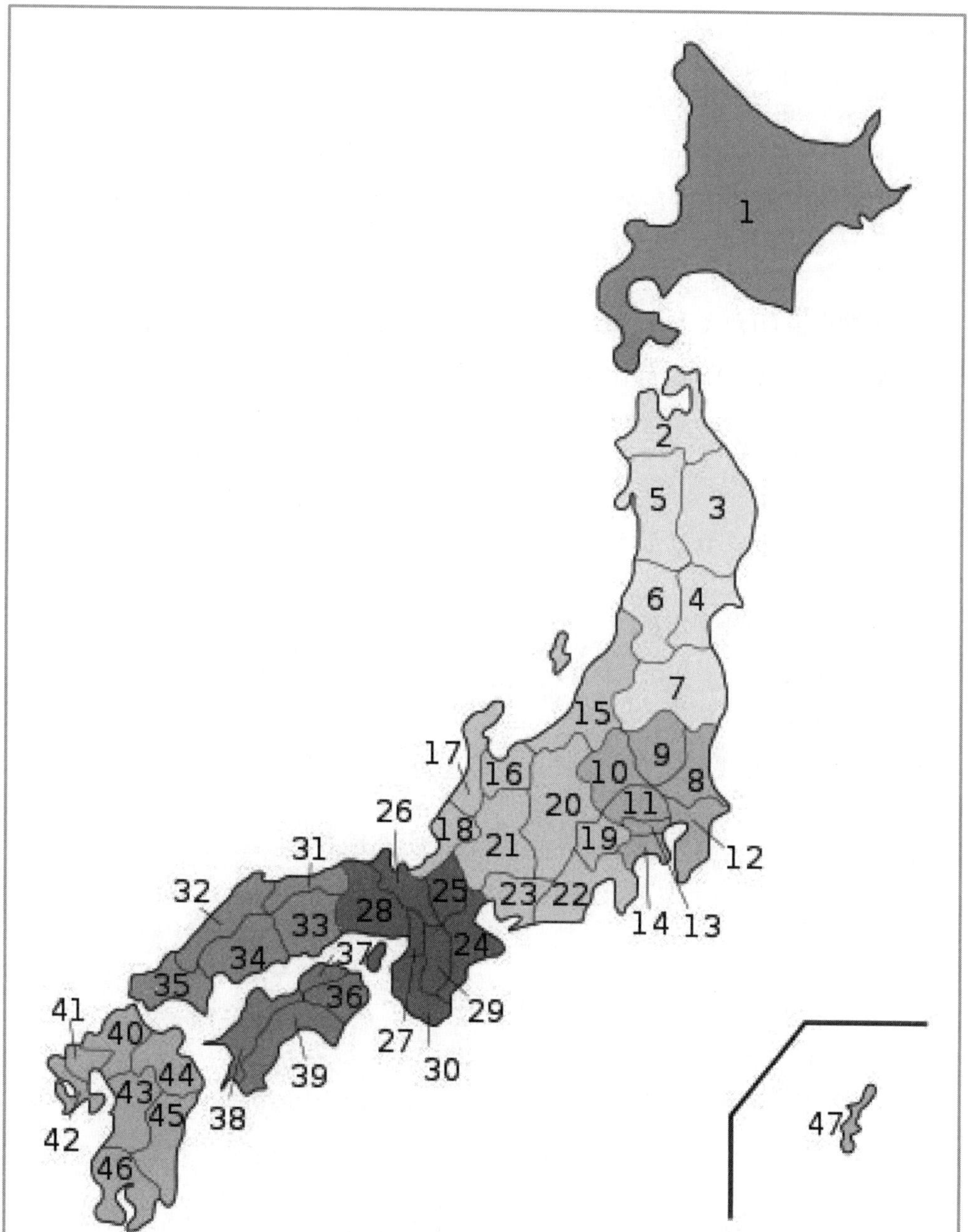

1. 北海道(ほっかいどう)

- **東北地方(とうほくちほう)**

2. 青森県(あおもりけん)
3. 岩手県(いわてけん)
4. 秋田県(あきたけん)
5. 宮城県(みやぎけん)
6. 山形県(やまがたけん)
7. 福島県(ふくしまけん)

- **関東地方(かんとうちほう)**

8. 茨城県(いばらぎけん)
9. 栃木県(とちぎけん)
10. 群馬県(ぐんまけん)
11. 埼玉県(さいたまけん)
12. 千葉県(ちばけん)
13. 東京都(とうきょうと)
14. 神奈川県(かながわけん)

- **中部地方(ちゅうぶちほう)**

15. 新潟県(にいがたけん)
16. 富山県(とやまけん)
17. 石川県(いしかわけん)
18. 福井県(ふくいけん)
19. 山梨県(やまなしけん)
20. 長野県(ながのけん)
21. 岐阜県(ぎふけん)
22. 静岡県(しずおかけん)
23. 愛知県(あいちけん)

- **関西地方(かんさいちほう)**

24. 三重県(みえけん)
25. 滋賀県(しがけん)
26. 京都府(きょうとふ)
27. 大阪府(おおさかふ)
28. 兵庫県(ひょうごけん)
29. 奈良県(ならけん)
30. 和歌山県(わかやまけん)

- **中国地方(ちゅうごくちほう)**

31. 鳥取県(とっとりけん)
32. 島根県(しまねけん)
33. 岡山県(おかやまけん)
34. 広島県(ひろしまけん)
35. 山口県(やまぐちけん)

- **四国地方(しこくちほう)**

36. 徳島県(とくしまけん)
37. 香川県(かがわけん)
38. 愛媛県(えひめけん)
39. 高知県(こうちけん)

- **九州地方(きゅうしゅうちほう)**

40. 福岡県(ふくおかけん)
41. 佐賀県(さがけん)
42. 長崎県(ながさきけん)
43. 熊本県(くまもとけん)
44. 大分県(おおいたけん)
45. 宮崎県(みやざきけん)
46. 鹿児島県(かごしまけん)

- **沖縄地方(おきなわちほう)**

47. 沖縄県(おきなわけん)

第4課

航空会話 1

24
発車ご案内
Train Departures
ひかり422 15:13 東 京 自由席1~5号車
停車駅: 京都·米原·岐阜羽島·名古屋·豊橋·新横浜·品川
こだま553 新大阪止
列車がきます。ご注意ください。

機内会話 1(搭乗)

乗務員：いらっしゃいませ。こんばんは。
お客様、搭乗券をお見せください。

乗　客：(見せながら) ええっと、27のAですが。

乗務員：Aは、左側の通路になります。こちらからどうぞ。

乗　客：あ、どうも。

：

乗　客：すみません、27のAはどの辺でしょうか。

乗務員：27のAは、あの非常口の手前の窓際の席になります。

乗　客：あ、そうですか。どうも。

：

乗務員：お客様、恐れ入りますが、軽いものは上の棚にお置きくださいませ。

乗　客：わかりました。じゃあ、わるいけど、ちょっと入れてもらえますかね。ついでに、この上着も。

乗務員：はい、かしこまりました。

乗　客：あの、日本の新聞はありますか。

乗務員：はい、ございます。朝日・読売・毎日新聞と日刊スポーツなどがございますが。

乗　客：経済新聞はありませんか。

乗務員：経済新聞は、日本経済新聞のみになりますが。

乗　客：じゃ、毎日新聞と日本経済新聞をお願いします。
あ、それと、入国カードと税関申告書も１枚ずつお願いします。

乗務員：はい、かしこまりました。少々お待ちくださいませ。

乗　客：どうも。

機内会話 2

乗務員： いらっしゃいませ。こんにちは。お子様連れでございますね。お手伝い致しましょうか。

乗　客： どうも、ありがとうございます。

乗務員： キャリアーは私がお預かり致します。
お座席の番号は何番でしょうか。

乗　客： 12のBです。

乗務員： はい、こちらの通路側になります。

乗　客： どうも、ありがとう。

：

乗　客： あの、すみませんが、子供の粉ミルクとおむつを全部使ってしまいましたけれど、もしかして機内に置いていないかしら。

乗務員： 粉ミルクと紙おむつは用意してございます。
お子様はおいくつでしょうか。

乗　客： １才と６ケ月の女の子です。

乗務員： はい、かしこまりました。すぐお持ちいたします。
少々お待ちくださいませ。

乗　客： ああ、よかった。お願いします。

：

乗務員： お待たせ致しました。
粉ミルクと18ケ月用の紙おむつでございます。
他にもご用がございましたら、お気軽にお申し付けくださいませ。

乗　客： ありがとうがざいます。本当に助かりました。

機内会話 3

乗務員：お客様、お手伝いいたしましょうか。

乗　客：あ、はい、荷物が席の下に入らないんですけど。

乗務員：では、こちらの棚にお入れいたしましょうか。

乗　客：はい、どうも、すみません。それと、あの人と一緒なんですが、席が離れていて、座席の変更はできないでしょうか。

乗務員：さようでございますか。少々お待ちくださいませ。空席があるかどうか確認の上、すぐお知らせ致します。

乗　客：どうも、ありがとう。お願いします。

：

乗務員：お客様、たいへんお待たせいたしました。
あちらの空席ならご一緒できるそうです。

乗　客：あ、そうですか。本当にありがとう。助かりました。

乗務員：いいえ、どういたしまして。
どうぞ、いいお旅を。

案内放送

挨拶

皆様にヤマト航空よりご案内申上げます。

この度はヤマト航空をご利用いただき、誠にありがとうございます。当機ではお客様に安全で快適な空の旅がお楽しみいただけますよう、様々なサービスをご用意いたしております。ご利用の際は、客室乗務員にお気軽にお申し付けくださいませ。

本日のご搭乗、ありがとうございました。

免税品の販売

皆様、当機では機内免税品の販売を行っております。優れたデザインのよい品物をお求めやすい価格で販売致しております。また、機種によってはご提供できない物もございますので、いま一度お確かめのうえご注文くださいませ。詳しくはシートポケットにあるカタログ、または免税品インフォメーションのページをご覧くださいませ。なお、当機に搭載していない物でもカタログに挟んである注文書にお書きいただければ、お帰りの便でお渡しできますので、どうぞ、ご利用くださいませ。

語彙チェック

機内会話 1

- □ 機内(きない)
- □ 搭乗(とうじょう)
- □ 搭乗券(とうじょうけん)
- □ 左側(ひだりがわ)
- □ 非常口(ひじょうぐち)
- □ 手前(てまえ)
- □ 窓際(まどぎわ)
- □ 恐(おそ)れ入(い)る
- □ 軽(かる)い
- □ 棚(たな)
- □ 置(お)く
- □ 上着(うわぎ)
- □ 新聞(しんぶん)
- □ 朝日(あさひ)
- □ 読売(よみうり)
- □ 毎日(まいにち)
- □ 日刊(にっかん)
- □ 経済(けいざい)
- □ 入国(にゅうこく)
- □ 税関(ぜいかん)
- □ 申告書(しんこくしょ)
- □ １枚(いちまい)

機内会話 2

- □ お子様連(こさまづ)れ
- □ 手伝(てつだ)う
- □ 預(あずか)る
- □ 座席(ざせき)
- □ 番号(ばんごう)
- □ 何番(なんばん)
- □ 通路側(つうろがわ)
- □ 子供(こども)
- □ 粉(こな)
- □ 全部(ぜんぶ)
- □ 使(つか)う
- □ 紙(かみ)
- □ 用意(ようい)
- □ 女(おんな)の子(こ)
- □ 他(ほか)
- □ 気軽(きがる)
- □ 申(もう)し付(つ)ける
- □ 助(たす)かる

機内会話 3

- □ 入(はい)る
- □ 一緒(いっしょ)
- □ 離(はな)れる
- □ 少々(しょうしょう)
- □ 確認(かくにん)
- □ お知(し)らせ
- □ 空席(くうせき)
- □ 旅(たび)

案内放送

- □ 航空(こうくう)
- □ 案内(あんない)
- □ 誠(まこと)に
- □ 当機(とうき)
- □ 安全(あんぜん)
- □ 快適(かいてき)
- □ 空(そら)
- □ 楽(たの)しむ
- □ 様々(さまざま)
- □ 際(さい)
- □ 客室(きゃくしつ)
- □ 乗務員(じょうむいん)
- □ 免税品(めんぜいひん)
- □ 販売(はんばい)
- □ 優(すぐ)れる
- □ 品物(しなもの)
- □ 価格(かかく)
- □ 機種(きしゅ)
- □ 提供(ていきょう)
- □ 一度(いちど)
- □ 注文(ちゅうもん)
- □ 詳(くわ)しい
- □ ご覧(らん)
- □ 搭載(とうさい)
- □ 挟(はさ)む
- □ 渡(綿)す

会話練習

ア：　座席の番号は何番でございますか。

イ：　Cの30番です。

ア：　Cの30番はこちらの通路のちょうど真ん中あたりの席になります。

ア：　お客様、新聞はいかがでしょうか。

イ：　日本経済新聞をお願いします。

ア：　はい、かしこまりました。すぐお持ち致します。

ア：　お客様、シートベルトをお締め下さいませ。
また、テーブルも元にお戻しください。

イ：　はい、すみません。

文型及び文法

❶ ~てもいい(~해도 되다)

상대방에게 허가해줄 때 「~てもいい」라는 표현이 흔히 쓰인다. 같은 의미로 「~てもかまわない」를 쓰기도 하며, 「~てもさしつかえない」는 조금 더 공손한 표현이다.

ex この水を飲んでもいいですか。
明日、研究室に伺ってもいいですか。

❷ まだ(아직)

한국어는 '아직 ~하지 않았다'와 같이 '아직'이라는 부사 다음에 과거형이 올 수 있지만, 일본어의 경우는 「まだ」다음에는 과거형을 사용하지 않고, 상태형 「~ている」로 표현하는데, 이는 곧 그 일을 하겠다는 의미를 포함하는 것이기도 하다.

ex * まだご飯を食べませんでした。 (×)
→ まだご飯を食べていません。(아직 밥을 먹지 않습니다)

한국어에서 '아직'이라는 부사를 강조하는 의미로 '아직까지'라는 말도 흔히 쓰는데, 이것을 일본어로 「まだまで」로 옮기는 것은 잘못된 것이다. 이 경우에도 「まだ」 자체로 강조의 의미를 나타낸다고 생각하면 된다.

ex まだ時間はあります。(아직은 시간이 있습니다)

또한 「まだ」를 두 번 반복해서 씀으로써 '아직 멀었다', '많이 부족하다'라는 식으로 뜻을 강조하기도 한다.

ex 大阪はもうすぐですか。 / いいえ、まだまだです。
日本語が上手ですね。 / いいえ、まだまだです。

③ ~から(원인, 이유, 시발점)

접속사 및 접속조사로 쓰이며, 문장과 문장을 이어주는 역할을 하거나 용언 및 조동사의 종지형에 접속되어 원인, 이유를 나타내기도 하고, 체언에 접속되어 시간 및 공간의 출발점을 나타내는데 쓰인다.

ex 寒いからホッとコーヒーがいいです。
授業は午前10時から始まります。
釜山から福岡まで船で3時間ぐらいかかります。

④ ~ておく(~해 두다)

「~ておく」는 나중의 일을 생각하여 미리 어떤 동작을 해두는 것을 나타낼 때 사용한다. 회화체에서는 「~とく」로 줄여서 발음하기도 한다.

ex 明日、友だちが来るので、ごちそうをたくさんつくっておきます。
東京までは遠いから、ここでガソリンを入れておいたほうがいいでしょう。

⑤ 조수사 (2)

• 課 / 과

いっか 一課	にか 二課	さんか 三課	よんか 四課	ごか 五課	ろっか 六課
ななか 七課	はっか 八課	きゅうか 九課	じゅっか 十課	なんか 何課	

• 杯 / 잔

いっぱい 一杯	にはい 二杯	さんばい 三杯	よんはい 四杯	ごはい 五杯	ろっぱい 六杯
ななはい 七杯	はっぱい 八杯	きゅうはい 九杯	じゅっぱい 十杯	なんばい 何杯	

• 回 / 회

いっかい 一回	にかい 二回	さんかい 三回	よんかい 四回	ごかい 五回	ろっかい 六回
ななかい 七回	はちかい　はっかい 八回・八回	きゅうかい 九回	じゅっかい　じっかい 十回・十回	なんかい 何回	

• 階 / 층

いっかい 一階	にかい 二階	さんがい 三階	よんかい 四階	ごかい 五階	ろっかい 六階
ななかい 七階	はちかい 八階	きゅうかい 九階	じゅっかい 十階	じゅういっかい 十一階	じゅうにかい 十二階

• 年/ 나이

いっさい 一歳	にさい 二歳	さんさい 三歳	よんさい 四歳	ごさい 五歳
ろくさい 六歳	ななさい 七歳	はっさい 八歳	きゅうさい 九歳	じゅうさい 十歳
はたち 二十歳	さんじゅっさい 三十歳	よんじゅっさい 四十歳	ごじゅっさい 五十歳	ろくじゅっさい 六十歳
ななじゅっさい 七十歳	はちじゅっさい 八十歳	きゅうじゅっさい 九十歳	ひゃくさい 百歳	

형용사(形容詞)

❶ 형용사의 특징

형용사란 사람이나 사물의 성질, 상태를 나타내며, 어미(語尾)가 「~い」로 끝나고 단독으로 술어(述語)가 되거나 활용을 한다.

❷ 형용사 활용표

기본형		미연형(추량형)		연용형				종지형	연체형	가정형(조건형)	
어간	어미	だろう かろう		부정형		접속형			時	ば	
高(たか)	い	たか	だろう かろう	~く	ない	~く ~かかっ	て た たり	高い	高い	たかけれ	ば
易(やさ)し	い	やさし	だろう かろう	~く	ない	~く ~かかっ	て た たり	易しい	易しい	やさしけれ	ば

❸ 형용사 표현 연습

	보통체	정중체
기본형	美しい (아름답다)	美しい+です (아름답습니다)
부정형	美し+く+ない (아름답지 않다)	美し+く+ない+です (아름답지 않습니다)
과거형	美し+かった (아름다웠다)	美し+かった+です (아름다웠습니다)
과거부정형	美し+く+なかった (아름답지 않았다)	美し+く+なかった+です (아름답지 않았습니다)

【주의】

긍 정	부 정
いい(좋다)	よ く ない
いいです	よ く ないです
いいですか	よ く ないですか

●●● 형용사 활용 연습

형용사 기본형	접속 ~イ → く+て	부정 ~イ → く+ない	과거 ~イ → かっ+た	과거부정 정중체 ~イ→く+ありません でした
高(たか)い				
低(ひく)い				
安(やす)い				
狭(せま)い				
大(おお)きい				
小(ちい)さい				
面白(おもしろ)い				
詰(つ)まらない				
長(なが)い				
短(みじか)い				
難(むずか)しい				
易(やさ)しい				
優(やさ)しい				
新(あたら)しい				
古(ふる)い				
暑(あつ)い				
厚(あつ)い				
熱(あつ)い				
寒(さむ)い				

형용사 기본형	접속 ~イ → く＋て	부정 ~イ → く＋ない	과거 ~イ → かっ＋た	과거부정 정중체 ~イ→く＋ありません でした
冷(つめ)たい				
暖(あたた)かい				
涼(すず)しい				
多(おお)い				
少(すく)ない				
楽(たの)しい				
可愛(かわい)い				
かっこいい				
汚(きたな)い				
うるさい				
美味(おい)しい				
不味(まず)い				
厳(きび)しい				
美(うつく)しい				
近(ちか)い				
遠(とお)い				
珍(めずら)しい				
甘(あま)い				
辛(から)い				

형용사 기본형	접속 ~イ → く＋て	부정 ~イ → く＋ない	과거 ~イ → かっ＋た	과거부정 정중체 ~イ→く＋ありませ んでした
酸(す)っぱい				
苦(にが)い				
塩辛(しおから)い				
香(こう)ばしい				
早(はや)い				
速(はや)い				
遅(おそ)い				
忙(いそが)しい				
良(よ)い ＝いい				
悪(わる)い				
青(あお)い				
赤(あか)い				
白(しろ)い				
黒(くろ)い				
黄色(きいろ)い				
茶色(ちゃいろ)い				
寂(さび)しい				
悲(かな)しい				
おかしい				

Memo

호|텔|관|광|실|무|일|본|어|회|화

第5課

航空会話 2

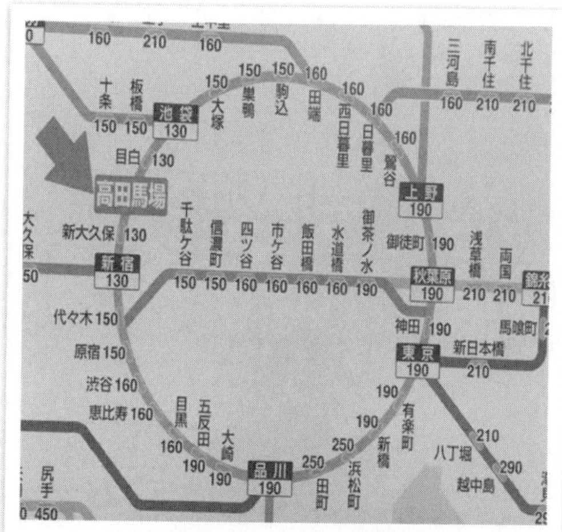

機内会話 4(離陸)

乗務員：いらっしゃいませ。おはようございます。

乗　客：スチュワーデスさん、あの…。

乗務員：はい、お呼びでございますか。

乗　客：今、トイレを使ってもいいですか。

乗務員：はい、かまいません。まだ時間がございますので、行っていらっしゃいませ。お手洗いは後ろのほうにございます。

乗　客：どうもありがとう。

：

皆様、当機は間もなく離陸いたします。お座席におかけになり、シートベルトをお締めください。また、テーブルを元の位置にお戻しください。

：

乗　客：すみません、お水もらえますか。

乗務員：お客様、申し訳ございませんが、まもなく飛行機が離陸いたしますので、上昇が終わるまでしばらくお待ちください。

乗　客：あ、そうですか。じゃ、後でお願いします。

機内会話 5（機内サービス）

乗務員：お客様、お飲物は何になさいますか。

乗　客：何がありますか。

乗務員：お茶とコーヒー、そしてオレンジジュースとコーラ、ビールがございます。

乗　客：ワインはありませんか。

乗務員：申し訳ございませんが、ワインはございません。
ウイスキーはございますが。

乗　客：じゃあ、ウイスキーとコーヒーをお願いします。
お湯も１杯ください。

乗務員：はい、かしこまりました。

：

乗務員：はい、どうぞ。
食事がお済みでしたら、お下げしてもよろしいでしょうか。

乗　客：はい、お願いします。ごちそうさまでした。

乗務員：では、お下げいたします。

乗　客：どうも。

機内会話 6 (免税品の販売)

乗　客：すみません。免税品の販売はいつからですか。

乗務員：はい、5分後の予定ですが、まず、カタログをご確認下さいませ。カタログは前の方の座席のポケットに入っております。

乗　客：私、現金があまりないので、カードで支払いたいんだけど、大丈夫かしら。

乗務員：はい、もちろんご利用いただけます。

乗　客：じゃ、韓国の紅人参のキャンデーとシャネルの香水5番を帰りの便にお願いします。

乗務員：はい、かしこまりました。では、注文書にお座席の番号をご記入の上、お支払の方法をチェックしてからお出しください。

乗　客：はい、わかりました。

乗務員：お客様、紅人参のキャンデーが２箱に、シャネルの香水5番を1本でございますね。両方でちょうど1万円になります。こちらにパスポート番号とサインをお願い致します。

乗　客：はい。

乗務員：はい、ご利用ありがとうございました。こちらはレシートでございます。

乗　客：はい、どうもありがとう。

機内安全マニュアル

脱出時の注意

1. 飛行機が完全に停止してから乗務員の指示の従い脱出
2. 荷物の持ち出し禁止
3. ハイヒール禁止

緊急着陸の際

離席 → 非常口 → スライド

常時の禁止事項

1. 機内は常時禁煙
2. 電子機器類の使用禁止製品
   携帯電話、PHS、パーソナルコンピューター、携帯情報端末、電子ゲームなど国土交通省が告示で定めた電子機器のうち電波を発信する状態にあるもの。
3. 駐機中・地上走行中・離着陸時に使用できない機器携帯電話、PHS、パーソナルコンピューター、携帯情報端末、電子ゲームなどのうち電波を発信しない状態(設定)にあるもの、テレビ、ラジオ、ビデオカメラ、デジタルカメラ、デジタルオーディオ機器など国土交通省が告示で定めた電子機器。

機内の安全を阻害する行為

航空機の安全を害する行為のほか、機内の人や財産に危害を及ぼす為、機内の秩序を乱す行為、機内の規律に違反する行為は「航空法73条の3」で禁じられています。

特に、国土交通省が定めた以下の行為については、機長の命令に背き行為を中止しなかった場合、50万円以下の罰金が課せられます。

1. 乗降口または非常口の扉の開閉装置を操作すること。
2. 化粧室で喫煙すること。
3. 乗務員の職務を妨害し、安全の保持などに支障を及ぼす恐れがある行為をすること。
4. 告示により禁止された電子機器を使用すること。
5. 指示に従わず座席ベルトを着用しないこと。
6. 離着陸時において、座席の背、テーブル、フットレスト(レッグレスト)を所定の位置に戻さないこと。
7. 非常脱出の妨げになる場所へ手荷物を放置すること。
8. 告示により定められた消火器、非常用警報装置、救命胴衣などを操作または移動すること。

●●● 非常口座席のお客様へのお願い

非常口に接している例の座席にお座りのお客様には、万一の場合、緊急脱出時の援助をお願いすることがございます。
援助の内容は援助が必要となった時、以下のような項目のうちから乗務員が具体的に指示させていただきます。

1. 乗務員が非常口を完全に開放するまでの間、他のお客様を制止すること。
2. 脱出スライドの下において後から降下する他のお客様を援助すること。
3. 「遠くへ逃げて』のように速やかに機体から離れて避難するように声をかけること。
4. その他(必要に応じ、乗務員が具体的に指示させていただきます)。

語彙チェック

機内会話 4

- □ 離(はな)れる
- □ 座席(ざせき)

機内会話 5

- □ 離陸(りりく)
- □ 呼(よ)ぶ
- □ 時間(じかん)
- □ お手洗(てあら)い
- □ 後(うし)ろ
- □ 締(し)める
- □ 位置(いち)
- □ 戻(もど)す
- □ 間(ま)もなく
- □ 水(みず)
- □ 後(あと)で

機内会話 6

- □ 飲(の)み物(もの)
- □ お茶(ちゃ)
- □ お湯(ゆ)
- □ １杯(いっぱい)
- □ 済(す)む
- □ 下(さ)げる

機内会話 7

- □ 現金(げんきん)
- □ 支払(しはら)う
- □ 大丈夫(だいじょうぶ)
- □ 紅人参(あかにんじん)
- □ 香水(こうすい)
- □ 方法(ほうほう)
- □ ２箱(ふたはこ)
- □ １万円(いちまんえん)

文型及び文法

① ~そうだ(~것 같다)

어떤 모양을 추측하는 뜻으로 쓰이는 「そうだ」는 동사의 연용형 및 「せる(させる)」「れる(られる)」「たがる」등 조동사의 연용형, 형용사와 형용동사 및 그 외의 조동사 어간에 접속된다. 다만, 「よい」「ない」의 경우에는 「さ」를 첨가하여 「よさそうだ」「なさそうだ」가 되고, 활용은 형용동사와 마찬가지지만 명령형은 없다.

ex 見かけでは真面目そうに見える。
今にも雪が降だしそうです。

② ~やすい(~하기 쉽다)

동사의 연용형에 접속하여 대상의 성질을 객관적으로 표현해도 좋은 경우에도 나쁜 경우에도 사용하며, 「~よい」는 늘 좋은 평가에만 쓰인다.

ex 北海道の夏は、東京の夏と比べるとずっと過ごしやすい。
社会施設も整っていて環境も良く、住みやすい街ですね。

③ ~くなる、~になる

「형용사+くなる」나 「명사 또는 형용동사의 어미+になる」의 형태로 '변화'를 나타낸다. 즉, 「전에는 그렇지 않았는데 점점 ~하게 되다」의 뜻을 가진다.

ex 朴さんは2年生になって急にきれいになりましたね。
日本語の勉強がだんだん難しくなりました。

会話練習

ア：すみませんが、家族なのでいっしょに座れませんか。

イ：少々お待ち下さいませ。
チェックしてからお返事いたします。

ア：おねがいします。

ア：すみません。水をお願いします。

イ：はい、かしこまりました。どうぞ。
他にお手伝することがございましたら、お呼びくださいませ。

ア：ありがとう。

ア：免税品はカードで支払いできますか。

イ：ビザとマスターカードは、ご利用いただけます。

ア：では、フランス産のワインを一本ください。

형용동사(形容動詞)(けいようどうし)

❶ 형용동사의 특징

형용사와 같이 주어의 성질, 상태를 나타내지만, 형용사보다는 동사적인 성격이 강하다. 어미(語尾)가 「だ」로 끝난다. 미연형과 명령형은 없다.

❷ 형용동사의 활용

<table>
<tr><th colspan="2">기본형</th><th colspan="2">미연형(추량형)</th><th colspan="4">연용형</th><th rowspan="2">종지형</th><th>연체형</th><th colspan="2">가정형(조건형)</th></tr>
<tr><th>어간</th><th>어미</th><th colspan="2">だろう
かろう</th><th colspan="2">부정형</th><th colspan="2">접속형</th><th>時</th><th colspan="2">ば</th></tr>
<tr><td>有名(ゆうめい)</td><td>だ</td><td>ゆうめい</td><td>だろう
かろう</td><td>~では</td><td>ない</td><td>~
~だっ</td><td>で
た
たり</td><td>有名だ</td><td>有名な</td><td>有名なら</td><td>ば</td></tr>
<tr><td>暇(ひま)</td><td>だ</td><td>ひま</td><td>だろう
かろう</td><td>~では</td><td>ない</td><td>~
~だっ</td><td>で
た
たり</td><td>暇だ</td><td>暇な</td><td>暇なら</td><td>ば</td></tr>
</table>

❸ 형용동사 표현연습

	긍 정	부 정
보통체	ゆうめい　だ (유명하다)	ゆうめい　じゃ　ない
정중체	ゆうめい　です	ゆうめい　じゃ　ないです
의문형	ゆうめい　です　か	ゆうめい　じゃ　ないですか

【주의】

형용동사의 명사수식형에서는 어미 「だ」가 「な」로 바뀌는 것이 보통이지만, 「同じだ (같다)」의 경우 「な」는 생략된다.

ex 同じだ　+　帽子　=　同じな帽子(×) → 同じ帽子

형용동사 활용 연습

형용동사 기본형	접속 ~だ → ＋で	부정 ~だ → では＋ない	과거 ~だ → だっ＋た	과거부정 ~だ → では＋なかった
便利(べんり)だ				
不便(ふべん)だ				
好(す)きだ				
嫌(きら)いだ				
上手(じょうず)だ				
下手(へた)だ				
綺麗(きれい)だ				
静(しずか)だ				
賑(にぎ)やかだ				
立派(りっぱ)だ				
丈夫(じょうぶ)だ				
有名(ゆうめい)だ				
大変(たいへん)だ				
素敵(すてき)だ				
大丈夫(だいじょうぶ)だ				
結構(けっこう)だ				

형용동사 기본형	접속 ~だ → +で	부정 ~だ → では+ない	과거 ~だ → だっ+た	과거부정 ~だ→ では+なかった
心配(しんぱい)だ				
大切(たいせつ)だ				
邪魔(じゃま)だ				
十分(じゅうぶん)だ				
真面目(まじめ)だ				
残念(ざんねん)だ				
大事(だいじ)だ				
盛(さか)んだ				
重要(じゅうよう)だ				
簡単(かんたん)だ				
不思議(ふしぎ)だ				
暇(ひま)だ				
楽(らく)だ				
親切(しんせつ)だ				
ハンサムだ				
元気(げんき)だ				

航空関連 語句

航 空 用 語	
1	割れやすいものはお座席の下にお置きくださいませ。 깨지기 쉬운 물건은 좌석 밑에 놓아 주십시오.
2	非常の時のため、ここにはお荷物を置くことはできません。 비상시를 위해 이곳에는 짐을 둘 수 없습니다.
3	免税の範囲はお酒1本、タバコ２カートンでございます。 면세 범위는 술 한 병, 담배 2보루입니다.
4	足つきを元位置にお戻しくださいませ。 발 받침대를 원래의 위치로 되돌려 주십시오.
5	先ず、お母さんがベルトをお締め、お子さんを抱っこしてください。 먼저 어머니께서 벨트를 매시고, 자녀분을 안아 주십시오.
6	お荷物については地上職員にお尋ねくださいませ。 화물에 관하여서는 지상직원에게 문의해 주십시오.
7	空港の外に国内線までのバスがございます。 공항 바깥쪽에 국내선까지 가는 버스가 있습니다.
8	韓国と日本は時差がなく、同じ時刻でございます。 한국과 일본은 시차가 없는 같은 시간대입니다.
9	お腹の具合が悪くて、吐き気がしますが。 속이 불편하고 토할 것 같습니다만.
10	テーブルはひじ掛けの下にございます。 테이블은 팔걸이 밑에 있습니다.

Memo

第6課

航空会話 3

機内会話 7（苦情）

乗　客：すみません。この座席にイヤホンがないんですけど。

乗務員：申し訳ございません。今、すぐお持ちいたします。
他に不具合や不便なことはございませんでしょうか。

乗　客：映画のチャンネルは何番ですか。

乗務員：はい、映画のチャンネルは７番になっておりまして、チャンネルと音声は、肘掛けの下にございます。リモコンで調整することができます。

乗　客：あ、そうですか。わかりました。

：

乗務員：お待たせいたしました。イヤホンでございます。

乗　客：あ、どうも。スリッパありますか。

乗務員：恐れ入りますが、スリッパはビジネス以上のクラスにサービスできるようになっておりますが。

乗　客：へえ、そうですか。あ、そうだ。入国カードをもう１枚もらえますか。字を間違っちゃって破いてしまいました。

乗務員：はい、すぐお持ちいたします。

乗　客：あ、このイヤホン、片方が聞えないんですね。

乗務員：誠に申し訳ございません。すぐ新しいものに交換いたします。これからは、このようなことがないように十分に気をつけます。
少々お待ちくださいませ。

機内会話 8（着陸）

皆様、入国カードと税関申告書はお書きになりましたでしょうか。税関申告書は、申告するものがなくても、必ずご記入の上、通関の際にお出しください。また、入国カードはお１人さま１枚ずつ、税関申告書はご家族当り１枚ずつでございます。

：

乗　客： すみません、ここには何を書けばいいんですか。

乗務員： パスポート番号とお泊まり先の住所と電話番号をお書きください。

乗　客： 泊り先の住所がわからない場合はどうしますか。

乗務員： ホテルの名前と電話番号で結構でございます。

乗　客： 韓国語で書いても大丈夫ですか。

乗務員： はい、ハングルでも英語でもかまいませんので。

：

皆様、この飛行機は、まもなく福岡国際空港に着陸いたします。座席のベルトを今一度しっかりお締めになり、背もたれとテーブルを元の位置にお戻しください。

：

乗　客： すみません、ウィスキーをもう１本買いたいんですが。

乗務員： 恐れ入りますが、只今から着陸の態勢に入りますので、免税品販売のサービスは終了させていただきました。ご了承くださいませ。

乗　客： あ、そうですか。

機内の案内放送

機内エンターテインメント

機内では各種新聞、雑誌などを用意いたしております。ご利用の際は、客室乗務員にお気軽に申し付けください。音楽や映画の音声は、すべてヘッドホンでお聞きいただくことになっております。お座席の肘掛けにあるリモコンには、３から10まで、８つのチャンネルでお好きなプログラムを選ぶことができます。また、機内映画は、多様なジャンルの人気映画を用意いたしております。チャンネル情報とプログラムの詳しい内容は案内誌をご覧ください。なお、不明な点などがございましたら、お気軽に客室乗務員までお申し付けくださいませ。

着陸案内

皆様、当機はまもなく、福岡国に着陸いたします。座席のベルトを今一度しっかりお締めになり、背もたれとテーブルは元の位置にお戻しください。また、窓際の方は日除けをお開けください。なお、飛行機が完全に止まり、棚を開ける際には、手荷物が滑り落ちることもございますので、十分お気をつけてください。只今の福岡の時刻は午前９時45分でございます。福岡の空は晴れ、気温は摂氏27度でございます。本日はヤマト航空をご利用いただきまして、誠にありがとうございました。次回もまたヤマト航空をご利用くださいますよう、乗務員一同、心からお待ちしております。

語彙チェック

機内会話 7

- □ 不具合(ふぐあい)
- □ 不便(ふべん)
- □ 映画(えいが)
- □ 何番(なんばん)
- □ 肘掛(ひじか)け
- □ 調整(ちょうせい)
- □ 以上(いじょう)
- □ 字(じ)
- □ 間違(まちが)う
- □ 破(やぶ)く
- □ 片方(かたほう)
- □ 聞(き)こえる
- □ 新(あたら)しい
- □ 交換(こうかん)

機内会話 8

- □ 着陸(ちゃくりく)
- □ 通関(つうかん)
- □ 家族(かぞく)
- □ 住所(じゅうしょ)
- □ 泊(とま)り先(さき)
- □ 場合(ばあい)
- □ 結構(けっこう)
- □ 英語(えいご)
- □ 韓国語(かんこくご)
- □ 国際空港(こくさいくうこう)
- □ 買(か)う
- □ 只今(ただいま)
- □ 態勢(たいせい)
- □ 終了(しゅうりょう)
- □ 了承(りょうしょう)

機内エンターテインメント

- □ 各種(かくしゅ)
- □ 雑誌(ざっし)
- □ 音楽(おんがく)
- □ 音声(おんせい)
- □ 番組(ばんぐみ)
- □ 選(えら)ぶ
- □ 多様(たよう)
- □ 人気(にんき)
- □ 情報(じょうほう)
- □ 内容(ないよう)
- □ 不明(ふめい)
- □ 点(てん)

着陸案内

- □ 日除(ひよ)け
- □ 完全(かんぜん)
- □ 手荷物(てにもつ)
- □ 滑(すべ)り落(お)ちる
- □ 時刻(じこく)
- □ 午前(ごぜん)
- □ 天気(てんき)
- □ 晴(は)れ
- □ 気温(きおん)
- □ 摂氏(せっし)
- □ 次回(じかい)
- □ 一同(いちどう)

文型及び文法

❶ ~のために(~을/를 위하여, ~때문에)

「ため(に)」는 목적과 원인·이유를 모두 사용할 수 있는데, 목적을 나타내는 「ため(に)」는 의지적인 동작을 받되, 단순한 상태를 나타내는 형용사나 형용동사는 받지 않는다. 이에 비해 원인·이유를 나타내는「ため(に)」는 의지성의 동작은 물론 상태동사, 형용사, 형용동사 등 넓은 범위의 어구를 받을 수가 있다. 또한 동사의 과거형을 받는 경우가 많은 것도 특징이라고 볼 수 있다. 다만, 「は」를 보충한 「ためには」는 목적을 특별히 강조하여 나타내는 것으로, 문말에 의무·당연·필요 등의 표현을 요구하기 때문에 원인 · 이유에는 사용할 수 없다. 명사에 접속될 때는 「명사 + のため(に)」로 나타낸다.

ex 日本語能力試験に合格するために、毎日５時間も勉強しています。(목적)
流通コストや関税が高いため、円高になっても輸入品があまり安くならない。(원인 · 이유)
「テレーゼ(Thelese)のために」と書いたつもりがあまりの悪筆のため、「エリーゼ」と誤読され、そのまま定着したそうだ。

❷ ~てもらう(~해 받다)

행위를 받는 자가 주어가 될 경우에 사용하며, 행위를 받는 자의 요구에 의해 행위를 하는 자가 다소 소극적으로 그에 응하는 듯한 뉘앙스가 있다.

ex 私は吉村さんに日本語の文法を教えてもらいました。
田中さん、この荷物を倉庫まで運んでもらいましょう。

会話練習

ア：すみません、イヤホーンもらえないでしょうか。

イ：はい、どうぞ。

ア：どうも、ありがとう。

ア：日本語の音声はありませんか。

イ：はい、チャンネル32番でございます。

ア：どうも。

ア：入国カードと税関申告書は用意されておりますか。

イ：入国カードは書きましたが、税関申告書はもらってないんです。

ア：こちらにあります。どうぞ。

동사(動詞)

どうし

❶ 동사의 특징

동사는 사람이나 사물의 움직임, 존재, 변화, 작용 등을 나타내며, 문의 마지막에서 의미적으로 매듭을 짓는 역할을 한다.

❷ 동사의 종류

1) 일본 학교 문법

(1) 五段動詞 - 모든 동사 중 이하의 4종을 제외한 동사.

(2) 上一段動詞 - 어미 「~る」앞의 모음이 「イ」인 동사.(예외 있음)

(3) 下一段動詞 - 어미 「~る」앞의 모음이 「エ」인 동사.(예외 있음)

(4) カ行変格動詞 - 불규칙 활용을 하는 동사. 「来る」가 유일.

(5) サ行変格動詞 - 불규칙 활용을 하는 동사. 「する」가 유일.

2) 외국인을 위한 일본어 문법

(1) 1類(group) 動詞 (위 1항과 같음)

(2) 2類(group) 動詞 (위 2, 3항과 같음)

(3) 3類(group) 動詞 (위 4, 5항과 같음)

❸ 동사 활용의 종류

1) 미연형(未然形) : 아직 동작이 일어나지 않은 형.

조동사「~ない」 (부정형: ~하지 않다)

「~う／~よう」 (의지형: ~하자 / ~하겠다)

「~せる／~させる」 (사역형: ~하게 하다)

「~れる／~られる」 (수동·존경·가능·자발)

「~まい」(1인칭: ~하지 않겠다 / 2, 3인칭: ~하지 않을 것이다)

2) 연용형(連用形) : 용언(형용사, 형용동사, 동사) 및 조동사, 조사가 이어지는 형.

「~ます」	(정중 : ~합니다)
「~た」(~だ)	(과거/완료: ~했다)
「~たり」	(선택적 열거: ~하기도 하고)
「~たい」	(희망/1인칭: ~하고 싶다)
「~たがる」	(희망/2,3인칭: ~하고 싶어하다)
「~て」(~で)	(열거: ~하고, ~해서)
「~そうだ」	(양태: ~할 것 같다)
「~に」	(목적: ~하러)
「~ながら」	(동시동작: ~하면서)
「~なさい」	(정중한 명령: ~하시오)

3) 종지형(終止形) : 말을 끝맺을 때의 형. 마침표「 。」를 찍는다.

4) 연체형(連体形) : 체언(명사/대명사/수사/준체언「の」에 이어지는 형. 뒤에 오는 체언을 수식한다.

5) 가정형(仮定形) : 조사「ば」가 이어지는 형. 가정의 의미를 나타낸다.

6) 명령형(命令形) : 명령의 뜻을 나타내는 형.

第7課

入国の手続き

入国検疫場

検疫官： 検疫質問書を作成してください。

入国者： あら、私、よく海外旅行をしますけど、検疫質問書は書いたことがないんですけれど。

検疫官： 今は特別検疫強化の期間中です。現在、世界中にアデノウイルスが流行しておりますので。

入国者： そうですか、テレビでは聞きましたけれど、はやく退治されたらいいですね。みんな脅えていますからね。

検疫官： お客様の国からもアデノウイルスの感染が確認されたという情報が入っています。ご協力お願い致します。

入国者： わかりました。経由した訪問国がなかった場合はどうしますか。

検疫官： なかったら、そこは書かなくてもいいです。しかし、パスポート番号と連絡先は必ず書いてください。

入国者： わかりました。
これでいいかしら。

検疫官： はい、結構です。
もし、発熱や頭痛などの症状がありましたら、こちらの案内書にある電話まで必ずご連絡ください。

入国者： はい、わかりました。

入国審査場

案内人： 入国審査は国籍によって違いますので、日本人の方は入国審査台の赤い線、外国人の方は黄色い線の前へお進みください。

入国者： すみません。私はどちらの方へ行けばいいですか。

案内人： 韓国の方ですね。お客様は、左側にある１から3番までの外国人専用の窓口になります。あの列に並んでお進みください。入国カードはご記入ですか。

入国者： はい、記入してあります。どうも。

：

入国者：（パスポートと入国カードを出す）

審査官： サングラスと帽子をとってください。

入国者： はい。

審査官： 訪問の目的を書いていないんですが、どちらへいらっしゃるんですか。

入国者： あ、すみません。九州の観光にきました。

審査官： では、ホテルはどこですか。

入国者： 福岡のニューオータニホテルです。

審査官： 次は指紋をとりますので、両手の人指し指を機械に当ててください。それから、顔写真もとりますので、そのときはカメラのレンズを見てください。

入国者： はい。わかりました。

審査官： はい、けっこうです。

入国者： あ、もうおわりですか。お世話さまでした。

税関検査場

検査官： パスポートと税関申告書を出してください。そして、荷物を全部検索台に載せて下さい。
お酒とタバコはありますか。

入国者： はい。ウィスキーが２本、タバコはワン・カートンあります。

検査官： 持込み禁止のものはありませんか。

入国者： えっ、どういったものが持ち込み禁止なんですか。

検査官： 主に肉類や果物などになりますが、ちょっと確認しますのでカバンを開けてください。
これは何ですか。

入国者： それは親戚の農場で作った手作りのハムですが、知り合いの方にお土産と思って持ってきたんですが。

検査官： 残念ですが、海外の畜産物は、加工品でもすべて持ち込み禁止になっております。

入国者： そうですか、全然知らなかったんです。

検査官： 本来なら偽りの申告は罰金ですが、状況を酌量して、物だけを押収して廃棄することにします。

入国者： プレゼントですが、なんとかならないんでしょうか。お願いします。

検査官： 口蹄疫の恐れがあるので、安全を守るための措置ですから、ご了承ください。

入国者： じゃあ、もったいないけど、仕様がないんですね。

検査官： すみません。そのとおりです。この書類にサインをお願いします。

語彙チェック

●●● 入国検疫場

□ 検疫場(けんえきじょう)
□ 質問書(しつもんしょ)
□ 作成(さくせい)
□ 海外旅行(かいがいりょこう)
□ 特別(とくべつ)
□ 強化(きょうか)
□ 期間(きかん)
□ 現在(げんざい)
□ 世界中(せかいじゅう)
□ 流行(りゅうこう)
□ 退治(たいじ)
□ 脅(おび)える
□ 国(くに)
□ 感染(かんせん)
□ 協力(きょうりょく)
□ 経由(けいゆ)
□ 訪問国(ほうもんこく)
□ 連絡先(れんらくさき)
□ 発熱(はつねつ)
□ 頭痛(ずつう)
□ 症状(しょうじょう)

●●● 入国審査場

□ 審査(しんさ)
□ 国籍(こくせき)
□ 黄色(きいろ)い
□ 線(せん)
□ 左側(ひだりがわ)
□ 外国人(がいこくじん)
□ 専用(せんよう)
□ 窓口(まどぐち)
□ 並(なら)ぶ
□ 帽子(ぼうし)
□ 目的(もくてき)
□ 指紋(しもん)
□ 機械(きかい)
□ 両手(りょうて)
□ 人指(ひとさ)し指(ゆび)
□ 顔写真(かおじゃしん)

税関検査場

- □ 検査(けんさ)
- □ 載(の)せる
- □ 持込(もちこ)む
- □ 肉類(にくるい)
- □ 親戚(しんせき)
- □ 手作(てづく)り
- □ 残念(ざんねん)
- □ 加工品(かこうひん)
- □ 本来(ほんらい)
- □ 罰金(ばっきん)
- □ 酌量(しゃくりょう)
- □ 廃棄(はいき)
- □ 措置(そち)
- □ 書類(しょるい)
- □ 検索台(けんさくだい)
- □ お酒(さけ)
- □ 禁止(きんし)
- □ 果物(くだもの)
- □ 農場(のうじょう)
- □ 土産(みやげ)
- □ 畜産物(ちくさんぶつ)
- □ 全然(ぜんぜん)
- □ 偽(いつわ)り
- □ 状況(じょうきょう)
- □ 押収(おうしゅう)
- □ 口蹄疫(こうていえき)
- □ 仕様(しよう)

会話練習

ア：空港でたばこが吸える場所はどちらにありますか。

イ：はい、喫煙室はAターミナルの14番ゲートの左にあります。

ア：ちょっと遠いですね。ターミナルの外では吸ってもいいですか。

イ：そこは禁止になっていますので、やはり喫煙室しかないですね。

ア：肉の加工品なので、搬入できないとは全く思いませんでした。

イ：そうですか。しかし、ハムもその対象になっています。

ア：まあ、仕方ありませんね。

ア：お帰りはいつですか。

イ：５日後の27日です。

ア：帰国便を予約したチケットはありますか。

イ：はい、これです。どうぞ

文型及び文法

❶ ~だけで(~뿐/만으로, ~만큼/정도로)

명사나 동사, 형용사의 기본형 등에 접속되며, 정도를 나타내는 표현으로 그 문어체는 「のみ」이다. 그 밖에 「~だけあって」는 '역시 ~에 걸맞은 〈가치·능력·효과〉가 있어서 멋있다'라는 뜻을 가지고 감탄과 찬사의 표현으로 쓰이며, 이 때는 「さすが」와 호응한다.

ex 文章の流れは一度聞くだけでわかるように、スムーズにつながっているべきです。
さすが本場のアメリカで覚えた英語だけあって、発音がきれいですね。

❷ ~に関して(~에 관해서)

어떠한 대상과 관련하여 생각나는 상황을 나타낸다. 아래의 예에서 알 수 있듯이 a)는 사진 그 자체에 얽힌 추억(예를 들면 사진의 소유자나 소유의 상황에 대한 일화 등)을 나타낸다. 이에 비해 b)는 사진과 관련하여 생각나는 상황(예를 들면 사진을 찍은 인물, 장소, 시간이나 그곳의 분위기 등)을 말하는 것이 된다.

a) その写真について懐かしい思い出がある。
b) その写真に関して懐かしい思い出がある。

ex このプロジェクトに関しては一切の責任を私が負っている。

❸ ~たことがある(~한 적이 있다)

동사의 과거 및 완료형과 연결된 경우에는 과거의 경험을 나타내며, 동사의 원형이나 ない형에 연결된 경우에는 경험이나 사실을 묻는 표현이다. 특히 「ことはある」나 「こともある」의 조사 사용법에 주의할 필요가 있다.

ex それは見たことも聞いたこともない。
彼の将来を考えると、心配で夜も眠れないことがある。
私は日本へ行ったことが一度もない。

敬語の種類

• 尊敬語(そんけいご)

자신보다 사회적 지위가 높은 사람의 동작이나 소유물에 대하여 존경의 뜻을 나타낸다.

ex 何時に来ますか。 → (先輩・先生・社長)

何時に________________________________。

コーヒーにしますか。 → (お客様に)

コーヒーに____________________________。

• 謙譲語(けんじょうご)

자신(가족, 회사 포함)을 겸손하게 낮춤으로써 상대방을 상대적으로 높인다.

ex 行きます。 → 参(まい)ります。

お願いします。 → お願い致(いた)します。

• 丁寧語(ていねいご)

정중하고 격식이 있는 말로 공손하게 표현한다.

ex 学生だ。 → 学生です。

家に帰った。 → 家に帰りました。

1) 명사의 경어(お / ご＋명사)

「お / ご」를 명사 앞에 붙이면 공손함, 존경, 친밀감, 부드러운 느낌을 준다.

* 일반적으로 일본 고유어에는 「お」를 붙인다.

ex) お部屋 / お手洗

* 일반적으로 한자어에는 「ご」를 붙인다.

ex) ご案内 / ご連絡 / ご家族

cf) 그러나, 한자어에 お를 붙이는 예외도 있다.

ex) ご料理 (x) / ご電話(x) / ご時間 (x)

お料理 (o) / お電話(o) / お時間 (o)

☞ 練習しましょう！

「お」나 「ご」를 다음 단어에 붙여 봅시다.

席(せき)	用意(ようい)	注文(ちゅうもん)	酒(さけ)
자리	준비	주문	술
清算(せいさん)	会計(かいけい)	出発(しゅっぱつ)	到着(とうちゃく)
정산	계산	출발	도착
記入(きにゅう)	名前(なまえ)	住所(じゅうしょ)	連絡(れんらく)
기입	이름	주소	연락
宿泊(しゅくはく)	注意(ちゅうい)	客(きゃく)	家族(かぞく)
숙박	주의	손님	가족
飲み物(のみもの)	煙草(たばこ)	署名(しょめい)	職業 (しょくぎょう)
마실 것	담배	서명	직업

호|텔|관|광|실|무|일|본|어|회|화

第8課

ようこそ、福岡へ

基本会話

到着ロビー

ガイド　：ようこそ福岡へ。私はガイドの吉永と申します。どうぞよろしくお願い致します。

旅行者1：あ、ガイドさんですね。よろしくお願いします。福岡は本当に近いですね。50分で着いてしまいました。

ガイド　：そうですね。あっという間ですね。

旅行者2：ガイドさん。ちょっと、トイレに行ってきてもいいですか。

ガイド　：はい、ここでお待ちしておりますので。
次の場所までは40分ほどかかりますので、お手洗いをご利用の方はどうぞ行ってきてください。

：

旅行者3：ガイドさん、薬屋はどこにありますか。

ガイド　：薬屋はあちらの案内デスクの右横にありますが、胃薬や頭痛薬でしたらバスの中に用意しております。

旅行者3：あ、そうですか。じゃ、お願いします。

ガイド　：はい、わかりました。それでは皆さん、お揃いでしょうか。そろそろバスの方へ移動したいと思います。これより駐車場へご案内いたしますので、私に続いてお進みくださいませ。

：

ガイド　：皆さん、大きい荷物はバスの下に入れて、手荷物だけお持ちになってお乗りください。

旅行者1：座席は指定席になっているんですか。

ガイド　：いいえ。自由席ですので、お好きなところをどうぞ。
シートベルトをお締め下さい。では、出発します。

移動(バス)

ガイド　：皆様、ホテルのチェックインは午後2時からなので、その前に、食事の時間をとりたいと思います。

旅行者1：ガイドさん、評判のいい、お勧めの料理は何でしょう。

ガイド　：ここはやはり博多ラーメンの本場ですので、先ず、豚骨ラーメンを味わっていただきたいと思いまして、本日の昼食はラーメンにしておきました。

旅行者2：僕は日本のうどんが食べたいんだけどなあ。

ガイド　：そのお店は、うどんやそばも召し上がれますので。

旅行者3：僕は、ラーメンだけじゃ足りないと思うんで、もう少しボリュームのあるのがほしいんですけど。

ガイド　：そうですね。やはり男性の方でしたら、ラーメンだけではちょっとさみしいような気が致しますね。と思いまして、餃子セットとご飯セットも用意いたしましたので、どうぞご心配なく。また、大盛りも選べます。

旅行者3：それはいいですね。ほっとしましたよ。ハッハハ。

ガイド　：皆様、ひだりてをご覧になってください。あちらに見えますのが福岡名物のヤフードームや福岡タワーなどがある、百道濱地区でございます。

旅行者1：すごいですね。わくわくしてきちゃった。これからが楽しみですね。ガイドさん、5日間よろしく頼みますね。

ガイド　：こちらこそ、よろしくお願い致します。今回の旅行は、私にお任せください。

：

ガイド　：皆様、もうそろそろレストランに到着します。バスが完全に止まりますまで、おかけのまましばらくお待ちくださいませ。

車酔い

旅行者：ガイドさん、すみません。ちょっと気分が悪いんですけど。車酔いみたいですね。

ガイド：あっ、そうですか。あと5分ぐらいでサービス・エリアですので、そこで少し休憩しましょうか。

旅行者：迷惑をかけてすみません。お願いします。

ガイド：いいえ、とんでもございません。あそこは見晴らしがいいから、海を見ながら新鮮な空気を吸ったら、きっとよくなると思いますので。鹿児島は、海風がとても爽やかですよ。

旅行者：そうですね。素晴らしい景色を眺めながら深呼吸をすれば、きっとよくなるでしょう。

ガイド：薬は飲まなくても大丈夫でしょうか。

旅行者：はい。実は、わりと車に酔いやすいタイプなんで、乗る前に薬を飲んだんです。でも、あまり効果がないんですね。

ガイド：あ、そうでしたか。では、休憩してからは、なるべく前の座席へ移したほうがいいと思いますが。外の風が入るように、窓も少し開けておきます。

旅行者：はい、わかりました。ありがとうございます。

ガイド：皆様、このバスは間もなく桜島サービス・エリアに到着いたします。そこで20分間休憩をして、３時半までには出発したいと思います。鹿児島湾の景色がとても素晴らしいところですので、どうぞ、カメラをお忘れなく。

語彙チェック

到着ロビー

- □ 吉永(よしなが)
- □ 近(ちか)い
- □ 着(つ)く
- □ 場所(ばしょ)
- □ 薬屋(くすりや)
- □ 右横(みぎよこ)
- □ 胃薬(いぐすり)
- □ 頭痛薬(ずつうやく)
- □ 揃(そろ)う
- □ 移動(いどう)
- □ 進(すす)む
- □ 駐車場(ちゅうしゃじょう)
- □ 指定席(していせき)
- □ 自由席(じゆうせき)
- □ 出発(しゅっぱつ)

移動(バス)

- □ 評判(ひょうばん)
- □ 料理(りょうり)
- □ 博多(はかた)
- □ 本場(ほんば)
- □ 先(ま)ず
- □ 豚骨(とんこつ)
- □ 味(あじ)わう
- □ 昼食(ちゅうしょく)
- □ 僕(ぼく)
- □ 召(め)し上(あ)がる
- □ 足(た)りる
- □ 男性(だんせい)
- □ 餃子(ぎょうざ)
- □ 心配(しんぱい)
- □ 大盛(おおも)り
- □ 名物(めいぶつ)
- □ 5日間(いつかかん)
- □ 百道浜地区(ももちはまちく)
- □ 頼(たの)む
- □ 今回(こんかい)

車酔い

- □ 車酔(くるまよ)い
- □ 悪(わる)い
- □ 迷惑(めいわく)
- □ 海(うみ)
- □ 空気(くうき)
- □ 海風(うみかぜ)
- □ 素晴(すば)らしい
- □ 眺(なが)める
- □ 飲(の)む
- □ 効果(こうか)
- □ ３時半(さんじはん)
- □ 忘(わす)れる
- □ 気分(きぶん)
- □ 休憩(きゅうけい)
- □ 見晴(みは)らし
- □ 新鮮(しんせん)
- □ 吸(す)う
- □ 爽(さわ)やか
- □ 景色(けしき)
- □ 深呼吸(しんこきゅう)
- □ 実(じつ)は
- □ 移(うつ)す
- □ 湾(わん)

会話練習

ア：もしもし、森田製麺の野村と申しますが、伊藤店長はいらっしゃいますでしょうか。

イ：伊藤は今日から二日間、休みをとっておりますが。

ア：そうですか。じゃ、またかけなおします。

ア：ホテルには何時ごろ着きますか。

イ：今、空港を出たばかりですから、電車に乗ると30分後には着くと思います。

ア：そうですか。思ったよりはかからないんですね。

ア：夕食は何を召し上がりたいんですか。

イ：せっかくですから、博多豚こつラーメンを食べたいんです。

ア：じゃ、天神に有名な店がありますので、そちらへ行きましょう。

文型及び文法

❶ ~ようだ(~인 것 같다)

추측이나 불확실한 단정을 나타내는 「ようだ」는 말하는 사람이 직접 얻은 정보를 바탕으로 한 〈추측〉을 나타낸다. 또한 대상의 모양을 다른 것과 비유하는 용법으로도 사용되며, 이 경우 부사인 「まるで」와 함께 사용되는 경우가 많다. 용언 및 「れる(られる)」, 「せる(させる)」, 「ない」, 「た(だ)」 등 조동사의 연용형에 접속된다. 단 명사에 접속될 때에는 조사 「の」를 붙여 사용한다.

「ようだ」는 문어적인 성향이 강하며, 같은 뜻으로 회화체에서는 「みたいだ」도 많이 사용된다.

ex あの人と話をしていると、まるで母のようで、国の母に逢いたくなります。
韓国のチヂミという食べ物は日本のお好み焼きのようですね。
私の家より彼の家がはるかに広いようだ。

[참고] 「らしい」는 「ようだ」에 비해 객관적이거나 간접적으로 얻은 사실을 추측의 근거로 하며, 간접적이고 무책임한 느낌이 강하므로 책임을 져야 하는 발언 등의 표현으로는 적절하지 않다.

❷ ~ほど(~만큼)

미치는 한도 또는 정도를 나타내는 연결어미에 해당하는 말에는 「ほど」, 「まで」, 「くらい(ぐらい)」, 「ばかり(に)」 등이 있는데, 「ほど」, 「くらい」, 「ばかり」가 비유를 나타내는 데에 비해 「まで」는 '실제로 그렇게 될 때까지'라는 뜻으로 쓰인다.

ex 先生は、顔が赤くなるほど講義してくださった。
今回の釜山での旅行は足が棒になるほど、あちこちを歩きまわった。

③ くらい(정도, 쯤)

정도를 나타내는 「ほど」와 비슷하고, 접속은 체언, 용언(연체형)에 여러 형태로 이어지며, 최소의 한도를 나타낸다.

ex 少し飲ませるくらいなら、やめたほうがいいだろう。
この川の深さは、５メートルぐらいはある。
せめて手紙をくれるくらいはできるでしょうよ。

●●● 경어표

平常語	尊敬語	謙譲語	丁寧語
いる、ある	いらっしゃる おいでになる おいであそばす	おる	ございます
来る	いらっしゃる おみえになる おいでになる おこしになる	まいる	
行く	いらっしゃる おいでになる	まいる 参上する うかがう	
訪問する	いらっしゃる おいでになる	うかがう。 おうかがいする 参上する おじゃまする	
する	なさる。あそばす。	いたす	いたす。 いたします。
言う	おっしゃる 仰せになる	申す。 申しあげる	申す
聞く		うかがう。 承る。 拝聴する。	

平常語	尊敬語	謙譲語	丁寧語
たべる	あがる。 めしあがる。	いただく。 ちょうだいする。	
のむ	あがる。 めしあがる。	いただく。 ちょうだいする。	
乗る	お乗りになる めされる		
もらう		いただく。 ちょうだいする。	
あう		おめにかかる	
くれる	くださる		
見る	ご覧になる ご覧遊ばす ご覧下さい	はいけんする	
見せる		お目にかける、 ご覧にいれる	
かりる		はいしゃくする	
着る	召す		
知る	ごぞんじである	存じ上げる	存ずる。 存じる
思う	お思いになる おぼしめす	ぞんじる	
寝る	おやすみになる おやすみあそばす		やすむ
である	でいらっしゃる		です
死ぬ	おかくれになる おかくれあそばす		なくなる

食事時の礼儀

洋食(欧米の料理)はナイフ、フォーク、スプーンなど、色々な道具を使って食べますが、和食(日本料理)は基本的にはお箸だけを使って食べます。

食事のマナーは料理の種類によって異なってきます。日本では世界各国の料理を食べることができますし、本来は外国の料理だったものが日本風(和風)にアレンジされて普通に食されています。

料理の洋風化と大家族から核家族化が進み、さらには家族がバラバラに食事をすることが多い現代では食事のマナーもだいぶ変わってきました。

昔は食事中に会話をすることはあまり良いことではありませんでしたが、最近では楽しく会話をしながら食事をすることが普通になりました。ただし、口の中に食べ物を入れたまま会話をしたり、周りの迷惑になるような大声で会話をしたり大声で笑ったりすることはマナー違反になります。また、食事中に席をはずしたり、クチャクチャと音を立てて食べたりするのもマナー違反です。

では、日本人の食事マナーとはどのようなものなのでしょうか。まずは食事の前に、「いただきます」と言って両手を合わせます。食事の後は、「ごちそうさませした」と言って両手を合わせます。これは、食材を作ってくれた人、料理を作ってくれた人、そして自然の恵みに対して感謝を表す行為です。

食事は楽しくいただきましょう。しかし、その中にも礼儀作法はありますが、そんなに難しいことではありません。たくさんあるようですが、慣れれば簡単です。

1) 食事時のマナー

- 意識して背筋を伸ばして姿勢を正しくして料理をいただく。
- 肘を食卓につけない。
- 箸（一般的には、お箸と呼びます）は正しく持つ。
- ご飯・味噌汁·おかずは、交互に食べる(同じものばかり食べずにバランスよく食べる)。
- お茶碗や小腹などの食器は手に持って食べる。
- 食器をテーブルに置いたままにしてお箸を口に運ばない、口を食器に持っていかない。
- ご飯のおかわりは、お茶碗を両手で持ってお願いする。
- 大皿から料理を取ったら、料理を直接口に運ばないで、一度取り皿に乗せてから口に運ぶ。
- 食べ終わった食器は重ねない(気が利いているようだが、食器に傷がつく可能性がある)。

호|텔|관|광|실|무|일|본|어|회|화

第9課

チェックイン

基本会話

ホテルに到着

ドアマン：お疲れさまです。セントラルホテルへようこそ。
お荷物はこちらからお運びいたします。

安智恵　：どうも、お願いします。

ドアマン：車のトランクなどにお荷物はございませんか。

安智恵　：トランクの中にスーツ・ケース一つとボストンバッグがありますので、それもお願いします。

ドアマン：かしこまりました。スーツ・ケース一つとボストンバッグでございますね。責任を持ってお運びいたします。では、フロントへご案内いたします。どうぞ、こちらへ。

安智恵　：どうも、ありがとう。

：

ドアマン：お荷物はお客様の部屋までお持ちいたしますので、とりあえずチェックインをどうぞ。

安智恵　：すいません。急用があってちょっと急いでいるんです。チェックインが済んだら、このまま出掛けたいんですけど、私の荷物は部屋に入れておいてくれますか。

ドアマン：はい、かしこまりました。それでは、お気をつけて行っていらっしゃいませ。

チェックイン 1

フロント：いらっしゃいませ。

安智恵　：安智恵という名前で予約しましたが、チェックインをお願いします。

フロント：はい、ただいま確認いたしますので、少々お待ち下さいませ。韓国の安智恵様ですね。今日から３泊、朝食つきのシングル・ルームでございますね。

安智恵　：はい、そうです。

フロント：それでは、お客様、こちらにご住所とパスポート・ナンバーをご記入ください。そして、コピーをとらせていただきますので、パスポートをお願いします。

安智恵　：住所は、ソウル市とまで書けばいいんでしょうか。

フロント：はい。その程度で結構でございます。

安智恵　：電話番号は韓国の携帯番号でもいいんですか。

フロント：あ、外国の方の場合は、書かなくてもかまいません。

安智恵　：じゃ、これでよろしかしら。

フロント：はい、結構です。部屋は、917号室になります。この中にカード・キーと朝食券が入っております。朝食の場所は２階と地下1階になりますが、２階は洋食のバイキングで、地下は和食のレストランでございます。

安智恵　：わかりました。あ、それと、モーニング・コールをお願いしたいんですけど、３日とも６時10分前に鳴らしてもらいたいんですけど。

フロント：はい。ウェークアップ・コールを毎朝５時50分ですね。かしこまりました。では、ごゆっくりどうぞ。

チェックイン 2

フロント：いらっしゃいませ。どんなご用件でしょうか。

姜美愛　：チェックインをしたいのですが。

フロント：ご予約はされていらっしゃいますか。

姜美愛　：いいえ、予約はしていないんですけど。

フロント：では、ご希望の日数はどれくらいでございますか。

姜美愛　：できれば、今日から３泊にしたいんですけど。

フロント：どのようなタイプのお部屋がご希望でしょうか。

姜美愛　：シングルで、海の見える表側の部屋がほしいんですけど。

フロント：申し訳ございせん。ただいま表側のシングル部屋は満室になっておりまして、あと残っているのは山の見える裏側のみになりますが。セミ・ダブルの部屋なら、まだございます。

姜美愛　：あ、そうですか。セミ・ダブルってどんな部屋ですか。

フロント：部屋の広さはシングルと変らないんですが、ただ、ベッドの横幅が20センチほど広いです。宿泊料金は、シングルより1,500円高い11,000円になりますが。

姜美愛　：じゃ、せっかくだから、ちょっと贅沢しよっか。
セミ・ダブルでお願いします。

フロント：はい、かしこまりました。では、こちらの紙にお名前とご住所をお願いします。パスポートもお願いします。

姜美愛　：はい、どうぞ。

フロント：はい、お待たせ致しました。今日から３泊ですね。
こちらが部屋の鍵で、こちらは朝食券とこの辺の地図でございます。
では、ごゆっくりどうぞ。

姜美愛　：どうも。お世話さまでした。

語彙チェック

ホテルに到着

- □ 疲(つか)れる
- □ 部屋(へや)
- □ 急(いそ)ぐ
- □ 責任(せきにん)
- □ 急用(きゅうよう)
- □ 出掛(でか)ける

チェックイン 1

- □ 朝食(ちょうしょく)
- □ 携帯(けいたい)
- □ 洋食(ようしょく)
- □ 地下１階(ちかいっかい)
- □ 鳴(な)らす
- □ 程度(ていど)
- □ ~号室(~ごうしつ)
- □ 朝食券(ちょうしょくけん)
- □ 和食(わしょく)
- □ 毎朝(まいあさ)

チェックイン 2

- □ 用件(ようけん)
- □ ３泊(さんぱく)
- □ 満室(まんしつ)
- □ 広(ひろ)さ
- □ 横幅(よこはば)
- □ 料金(りょうきん)
- □ 鍵(かぎ)
- □ 地図(ちず)
- □ 日数(にっすう)
- □ 表側(おもてがわ)
- □ 裏側(うらがわ)
- □ 変(かわ)る
- □ 宿泊(しゅくはく)
- □ 贅沢(ぜいたく)
- □ 辺(へん)
- □ 世話(せわ)

会話練習

ア： こんにちは。木村ですが、チェックインをしたいです。
　　ネットで予約はしてあります。

イ： 木村タクヤ様ですね。少々お待ちくださいませ。
　　はい、お待たせいたしました。
　　こちらがお部屋の鍵でございます。
　　朝食は6時から9時まででです。レストランは5階にございます。

ア： 今夜、シングルルームの予約はできますか。

イ： 申し訳ございませんが、今夜はあいにく満室となっております。

ア： 近所の他のホテルでも紹介してくれませんか。

ア： チェックインしたいのですが、私は金大韓です。

イ： 金大韓様、ご予約はされていらっしゃいますか。

ア： はい、おととい電話で予約しました。

文型及び文法

❶ ~てくれる(~해주다)

일본어에서 '주다'라는 의미를 가진 동사는 우리말과는 달리 내가 남에게 주는지, 남이 나(내 쪽 사람)에게 주는지를 구분해서 써야 한다. 전자일 경우에는 「さしあげる(드리다)」나 「あげる/やる(주다)」를, 후자의 경우에는 「くださる(주시다)」나 「くれる(주다)」라는 동사를 사용해야 한다. 또한 제3자가 제3자에게 줄 경우에는 「あげる(やる)」를 써야 한다.

• '주다' 동사의 정리

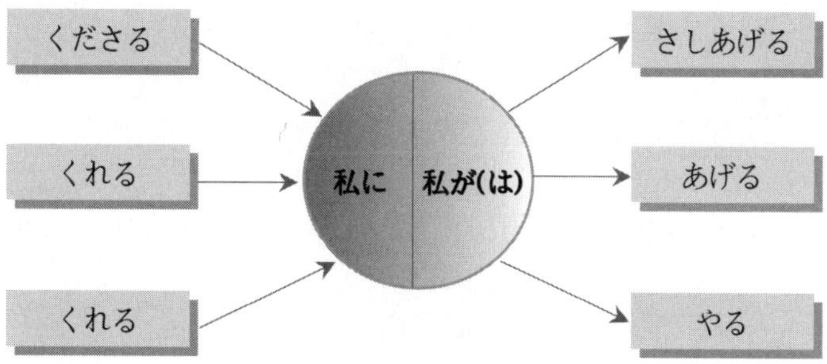

참고 「**やる**」는 자식, 동생, 누이, 동물이나 식물 또는 친한 사이에서만 써야 하며, 남의 자녀에게는 아무리 어린 아이일지라도 「**やる**」를 써서는 안 된다. 이때는 「**あげる**」를 써야 한다.

ex ホームステイのお母さんは、いつもおいしい料理を作ってくれる。
彼は会うたびに楽しい話をして、みんなを楽しませてくれる。

❷ ~たり~たりする(~하기도 하고, ~하기도 한다)

「~たり」형의 의미는 기본적으로 동작을 나열하는 것인데, 「~たり~たりする」의 형태가 기본이지만, 「~たり」의 개수가 하나이거나 세 개일 때도 있다. 또한 「~たり」형으로 동작을 열거할 때, 그 동작들은 서로 짝을 이루는 경우가 많으며, 또한 정반대의 동작을 열거하기도 한다. 따라서 긍정문과 부정형을 연결하기도 한다.

ex それこそ蹴ったり踏んだりのありさまでした。(짝을 이룰 경우)

１日中、行ったり来たりしている。(정반대의 동작)

朝飯は、食べたり食べなかったりしている。(긍정문과 부정형)

ex 休みの日には、ビデオを見たり、音楽を聞いたりしています。

お父さんはとても忙しくて、子どもと遊んだり旅行したりする時間がありません。

大浴場でのマナー

- 男女ともにバスタオルを体に巻いて大浴場に入ってはいけません。
- 同様に、水着を着て入ってはいけません。

  ※ テレビの旅番組の影響が大きいようです。大浴場は風呂ですので、裸で入るのが常識です。
- 大浴場に入るときには、男女とも必ず「前」をタオルで隠しましょう。

  ※ 男女とも「前」をタオルで隠さないで堂々と入ってくる姿は良いものではありません。
- 湯船に入る前には体を石鹸で洗ってから入るか、必ず「かけ湯」をしてから湯船に入ります。「かけ湯」をしないでいきなり湯船に入る人がいますが、周りの人は不愉快になります。
- 湯船に入るときには、しぶきが飛ばないように静かにゆっくりと入ります。
- 湯船に入っているときに、両手で顔をぶるぶると勢いよく洗うことはやめましょう。

- タオルを湯船の中に浸けるのはマナー違反。タオルは洗い場の桶の中に入れておきます。
- 洗い場では、隣の人にお湯を飛ばさないように注意しましょう。
- 勢いよくシャワーを流さない、立ってシャワーを浴びない、隣の人にかかってしまうとトラブルとなることもあります。
- 使った桶やイスは、最後にお湯で流して元の場所に置いておきます。

職場での基本的なルールとマナー

細かい部分は職場によって違いますが、ここでは代表的な例をあげて説明します。

●「出勤時」

- 出社時間

1) 始業時間には仕事ができるように早めに出勤しましょう。

2) 上司や先輩より先に出社するように心がけましょう。

- 朝の挨拶

1) はっきりと元気よく「おはようございます！」とあいさつをします。

2) 今日も一日よろしくお願いします、という気持ちを込めて挨拶をしましょう。

・遅刻しそうになった時

1) 遅れる理由と何分くらい遅れるかを連絡することです。

2) 同僚に連絡するのではなく、上司に連絡しましょう。

・当日急に休むとき

1) 始業時間前までに上司に連絡をして、本日の仕事の内容について上司に相談しましょう。

2) 翌日出社したときに、上司に「昨日はお休みをいただいて、ありがとうございました」とあいさつをしましょう。(同僚にもあいさつをします)

・有給休暇(続けて有給をとる場合)

1) 休暇中の引継書を作って、仕事の引継ぎをしておきましょう。

2) 自分の居場所は上司に伝えておきましょう。

3) 休み明けの朝、上司に「お休みをいただき、ありがとうございました。」とあいさつをしましょう(同僚にもあいさつをします)。

●「勤務中」

・備品・書類

1) 使った備品や書類は決められた場所に必ず戻しておきましょう。

2) 次に使う人のことを考えて、決められた場所に戻しましょう。

- 私語(私的会話)

1) 同僚との私的会話は慎みましょう。

2) 勤務中のおしゃべりは、仕事中の人に迷惑となり職場全体に悪影響を及ぼします。

3) お客様がおられる場合には失礼に当たります。

- 電話

1) 会社の電話から私用電話をかけてはいけません。

2) 私的な電話をかける場合は、休憩時間か昼休みに個人の電話からかけましょう。

- 正しい姿勢

1) 頬杖をついたり、足を組んだり、貧乏揺すりをしたり、あくびをしたり、みっともない姿勢は禁物です。

2) 正しい姿勢は周囲から見て交換が持てます。だらしない姿は、お客様から見るとだらしない会社に見られます。

「社内離席や外出時」

- 離席(社内)

1) たとえ短い時間でも、必ず近くの人に自分の居場所を知らせておきましょう。

2) 机の上の重要な書類や貴重品は片付けておきましょう。

3) 離席中に緊急の用事が発生するかも知れません。

4) 思わぬ紛失があれば、責任重大です。未然に防止ましょう。

• 外出時のあいさつ

1) 外出時・帰社時のあいさつは、しっかりと行いましょう。

2) 外出することを社内に伝えることにもなりますので、明るく元気よくあいさつをしましょう。

• 外出時の机の上

1) 机の上はきれいに片付けておきましょう。

2) 机の上を一目見ただけで、外出していることがわかるくらい、きれいにしておきましょう。

• 外出時の行き先

1) 行き先,用件、帰社時間がわかるように上司に伝えてから外出することです。

2) 行先管理表があれば、忘れず記入して外出しましょう。

3) 行き先不明にならないように気をつけましょう。

●「昼休みや休憩時」

• 時間管理

1) 昼休みや休憩時間は、勤務時間に食い込まないように気をつけましょう。

2) 社外に出るときは、時間内に戻ってこられる場所であることが最低限必要です。

- あいさつ

1) 交代で昼食に出るときには、残っている人には「お先のお昼に行ってきます」などと声をかけましょう。

2) 先に昼休みを取らせてもらうときのマナーです。

3) 留守中の仕事をお願いするという意味にもなります。

●「退社時」

- 仕事の区切り

1) その日の仕事は終わったか、やり残しがないか確認をしてから帰りましょう。

2) 仕事を翌日に持ち越さないようにその日の仕事はその日に終わることが大切です。

- 仕事が終わらないとき

1) どうしても終わらないときには、上司に相談して指示を仰ぎましょう。

2) 自分の判断で中途判断に終わらないことです。

- あと片付け

1) 机の上や周囲をきれいに片付けてから帰りましょう。

2) 翌日出社したときに、新たな気持ちでスタートできるようにきれいにしておきます。

• 気配り

1) 仕事をしている人には「お手伝いしましょうか」と声をかけるのが先に帰る人の礼儀です。

2) 社内の気配りや配慮は人間関係の観点からも重要なことです。

• 備品

1) 置いてあったところに戻しましょう。

2) 間違っても持って帰らないこと。

3) たとえボールペン1本でも会社から貸与されたものです。

• 書類

1) 個人情報が載っている書類や重要書類は絶対に持って帰らないこと。

2) 紛失した場合は、責任問題にまで発展して会社に大きな損害を与えることもあります。

• 帰宅時のあいさつ

1) 周囲に気遣い「お先に失礼します」と挨拶をしてから帰りましょう。

2) 周囲に知られないように、こそこそと帰ることがないようにしましょう。

●「公共スペースでのマナー」

・トイレ

1) 上司、先輩、同僚、お客様の悪口やうわさ話を言ってはいけません。

2) 会社の重要な話をしてはいけかせん。

3) きれいに私用すること。

4) ハンカチで手を拭きな1がらトイレから出てくるのはやめましょう。

・廊下

1) 立ち話は慎みましょう。

2) 駆け足はやめましょう。

3) 大声で話しながら歩いてはいけません。

4) 場所に迷っている人には、声をかけて案内をしてあげましょう。

5) お客様や上司とすれ違うときは、廊下の端によけて会釈します。

6) 目上の人を追い越すときには、「失礼します」と小声で挨拶をします。

・エレベーター

1) 降りる人が優先のなります。

2) エレベーター内での話は慎みましょう。

3) 閉りかかったエレベーターに無理に乗り込まないようにしましょう。

4) エレベーター内では左奥が上座になり、操作盤の前が下座です。

5) お客様が乗ってこられたときは目礼して、「何階ですか」とたずねて行き先のボタンを押しましょう。

6) お客様が降りられるときは「開く」のボタンを押して先に降りていただきます。

호 | 텔 | 관 | 광 | 실 | 무 | 일 | 본 | 어 | 회 | 화

第 10 課

ホテルの利用

基本会話

客室の説明

ベルマン：お客様、こちらのエレベーターへどうぞ。

当ホテルは初めてでいらっしゃいますか。

呉秀彬　：はい、このホテルが親切で、きれいだと聞いたので。

ベルマン：あ、そうでございますか。それはたいへん光栄と存じます。きっとご満足いただけると思います。あ、着きました。どうぞ、お降りくださいませ。

こちらが1425号室でございます。お荷物はこちらに置いてもよろしいでしょうか。

呉秀彬　：はい、そこで結構です。ありがとう。

ベルマン：お部屋のご利用について簡単にご説明いたします。

当ホテルは環境にやさしいホテルを目指しておりまして、連泊のお客様からのご希望があった場合には、シーツの交換は致しません。もちろん、お掃除と消耗品の補充やベッド・メードはきちんと致します。ご協力いただいた方には、当ホテルの１階にあるコンビニで使える500円の割引券をプレゼント致します。もしご希望でしたら、明日お出掛けの際に、このカードをベッドの上にお置きください。

呉秀彬　：ああ、そんなことがあるんですか。いいですね。喜んで省エネに協力しましょう。ところで、ラン・ケーブルはどこにありますか。

ベルマン：ラン・ケーブルは、この引出しの中にございます。

呉秀彬　：どうもありがとう。お世話さまでした。

ベルマン：では、ごゆっくりどうぞ。

ルーム・サービス

呉秀彬　：もしもし、こちらは1425号室ですが、簡単な食べ物には、どういったものがありますか。

フロント：あ、お客様、その件でしたらルーム・サービスで担当しておりまして、この電話をそちらへ回しますので、少々お待ちくださいませ。

呉秀彬　：はい、お願いします。

：

ルーム・サービス：はい、もしもし。たいへんお待たせ致しました。ご利用ありがとうございます。ご軽食でしたら当ホテル自慢の海鮮お好み焼きか、手作りハムのサンドイッチをお勧めしたいと思いますが。それにコーヒーやサラダを加えたらいかがでしょうか。

呉秀彬　：肉類は何がありますか。

ルーム・サービス：肉類はほとんど定食になっておりますので、サラダをチキン・サラダになさったらいかがでしょうか。あとは、照り焼きバーガーぐらいになりますが。

呉秀彬　：わかりました。じゃ、サンドイッチとチキン・サラダとコーヒーを１つずつお願いします。

ルーム・サービス：はい、かしこまりました。20分ほどいただきたいんですが、お時間は大丈夫でしょうか。

呉秀彬　：いいですよ。ついでに氷水も１杯、頼みましょう。

ルーム・サービス：はい。かしこまりました。では、しばらくお待ちくださいませ。

ホテルのカジノ

従業員：いらっしゃいませ。特になさいたいゲームはございますでしょうか。

呉秀彬：いや、特にないんですけど。カジノは初めてなんで。

従業員：ゲームにはいろいろございますが、初心者の方にもできるゲームで、最も人気のあるルーレットにチャレンジしてみてはいかがでしょうか。

呉秀彬：あ、そうですね。それはどちらにありますか。

従業員：お入りになりましたら、左へ曲がりますと、いちばん奥のほうでございます。

呉秀彬：そうですか。ところで、両替はどこでやればいいんですか。

従業員：ここを20メートルぐらいまっすぐいらっしゃいますと、右側にございます。

呉秀彬：両替はいくらまでできますか。

従業員：限度はありませんので、いくらでもご利用できます。

呉秀彬：チップは出納でも買えますか。

従業員：チップはゲーム・テーブルで直接お求めくださいませ。

呉秀彬：わかりました。

従業員：カジノについて知りたいことがございましたら、お気軽に案内までお越しくださいませ。

呉秀彬：ゲームのやり方は、それぞれのテーブルで説明してくれるでしょうね。

従業員：はい、もちろんです。では、ご幸運をお祈りいたします。どうか、楽しいお時間になられますように。

語彙チェック

客室の説明

- □ 客室(きゃくしつ)
- □ 初(はじ)めて
- □ 光栄(こうえい)
- □ 満足(まんぞく)
- □ 環境(かんきょう)
- □ 連泊(れんぱく)
- □ 消耗品(しょうもうひん)
- □ 割引券(わりびきけん)
- □ 省(しょう)エネ
- □ 説明(せつめい)
- □ 親切(しんせつ)
- □ 存(ぞん)じる
- □ 簡単(かんたん)
- □ 目指(めざ)す
- □ 掃除(そうじ)
- □ 補充(ほじゅう)
- □ 明日(あした)

ルーム・サービス

- □ 食(た)べ物(もの)
- □ 軽食(けいしょく)
- □ 海鮮(かいせん)
- □ 加(くわ)える
- □ 氷水(こおりみず)
- □ 回(まわ)す
- □ 自慢(じまん)
- □ お好(この)み焼(や)き
- □ 照(て)り焼(や)き

ホテルのカジノ

- □ 初心者(しょしんしゃ)
- □ 最(もっと)も
- □ 奥(おく)
- □ 限度(げんど)
- □ 直接(ちょくせつ)
- □ 幸運(こううん)
- □ 両替(りょうがえ)
- □ 曲(まが)る
- □ 右側(みぎがわ)
- □ 出納(すいとう)
- □ 求(もと)める
- □ 祈(いの)る

会話練習

ア：はい、フロントでございます。

イ：707号室ですが、シャワーキャップとタオルを1枚ずつお願いします。

ア：はい、かしこまりました。すぐお持ち致します。

ア：こんにちは。どのようなご用件でしょうか。

イ：今朝、チェックアウトした吉村ですが。妻の時計がありませんので、もしかしたら部屋の中に落したんじゃないかと思いましてね。ちょっと確認してもらいたいんですけど。

ア：何号室をご利用でしたでしょうか。

ア：鈴木ですが、支配人の原田さんとお話ししたいのですが。

イ：申し訳ございませんが、原田はただいま会議中でございますので、メッセージをお預かり致しましょうか。

ア：はい、お願いします。

文型及び文法

'상태'를 나타내는 「~ている」와 「~てある」

❶ 自動詞(~ている)

결과적인 상태를 나타내며, [ふとる→ふとった→ふとっている]와 같은 단계를 거치게 된다. 주로 やせる, 開く, つく, 知る, 来る, 立つ, 着る 등의 자동사와 함께 쓰인다.

ex コンピュータがこわれていて、作業ができない。
ここまで知っていることは、すべて話したつもりです。

❷ 他動詞(~てある)

누군가에 의해 인위적으로 어떠한 동작이 행해짐으로써 그러한 상태가 만들어진 것을 나타낸다. 주로 開ける, 置く, 入れる, しまう, ならべる, 書く 등의 타동사와 함께 쓰인다.

ex そこに置いてある本、取ってください。
メモはノートにはさんでありました。

ホテル用語

1) 客室に関する用語

客 室 用 語		
1	シングルルーム	싱글 룸. 싱글베드가 1개 설비된 1인용 객실
2	ダブルルーム	더블 룸. 2인용 객실
3	ツインルーム	트윈 룸. 싱글베드가 2개 설비된 2인용 객실
4	スイートルーム	스위트 룸. 응접실과 침실을 별도로 갖춘 객실
5	オンドルルーム	침실이 한국 고유의 온돌로 설비된 객실
6	トリプルルーム	트윈 룸에 싱글베드 1개를 추가한 3인용 객실
7	スタジオシングル	1인용 소파와 침대뿐인 객실
8	ダブルダブル	더블베드가 2개 설비되어 4명까지 수용할 수 있는 객실
9	コネクティングルーム	객실과 객실 사이에 통용문이 있어서 서로 왕래할 수 있는 객실
10	ペントハウス	호텔의 최상층에 꾸민 특별 객실
11	アウトサイドルーム	호텔의 전면에 배치된 외부경관의 조망이 유리한 객실
12	インサイドルーム	호텔의 후면에 배치된 외부경관의 조망이 불리한 객실

2) 施設に関する用語

▶ フロント	프런트	▶ 本館(ほんかん)	본관
▶ ロビー	로비	▶ 新館(しんかん)	신관
▶ エレベーター	엘리베이터	▶ 別館(べっかん)	별관
▶ ベルデスク	벨 데스크	▶ 宴会場(えんかいじょう)	연회장
▶ コーヒーショップ	커피숍	▶ 非常口(ひじょうぐち)	비상구
▶ ナイトクラブ	나이트클럽	▶ 会議場(かいぎじょう)	회의장
▶ ラウンジ	라운지	▶ 駐車場(ちゅうしゃじょう)	주차장
▶ カクテルバー	칵테일 바	▶ お手洗(てあら)い	화장실
▶ ホール	홀	▶ 洗面台(せんめんだい)	세면대
▶ カジノ	카지노	▶ 美容室(びようしつ)	미용실
▶ サウナ	사우나	▶ スリッパ	슬리퍼
▶ ヘルスクラブ	헬스클럽	▶ 引出(ひきだ)し	서랍
▶ プール	수영장	▶ タオル	타월(수건)
▶ スナックバー	스낵 바	▶ 冷蔵庫(れいぞうこ)	냉장고

Memo

第11課

市内観光

基本会話

観光案内所

呉秀彬： こんにちは。ちょっとお尋ねしてもいいですか。

案内人： はい、こんにちは。どうぞ。

呉秀彬： 福岡の都心が詳しく載っている地図はないでしょうか。

案内人： はい、ありますよ。どちらからお出でですか。

呉秀彬： 韓国の釜山から来ました。

案内人： あら、そうですか。ようこそいらっしゃいました。
ハングルの地図でよろしいですね。

呉秀彬： はい、お願いします。

案内人： これなら建物や店の名前まで詳しく書いてありますから、探しやすいと思いますよ。はい、どうぞ。

呉秀彬： 市内を巡るシティーツアーのバスはありませんか。

案内人： 福岡グリーンツアーのバスがあります。料金は800円で、5個所を廻るコースからなっています。コースの詳しい内容は、これを読んでください。

呉秀彬： ありがとうございます。そして、明日からは長崎と熊本を観光する予定ですが、観光案内書があれば助かりますけど、ありますか。

案内人： はい、ありますとも。こちらから何枚か必要なだけ取ってください。

呉秀彬： あ、ありましたか。ありがとうございます。

案内人： こちらは韓国語のテレホン通訳サービスの電話番号です。何か困ることがありましたら、お役に立つと思います。では、楽しいご旅行を。

呉秀彬： どうもありがとうございました。

市内観光 1（天神）

李守美：やはり天神が一番にぎやかだね。デパートも集中してるし。あら、あの寿司屋の入口の猫は何なの。

雄　二：どこ。ああ、あれはね、招き猫と言うんだよ。あのように片方の手を挙げて客と金を招き入れるんだってさ。日本中の店でよく見られるね。

店　員：いらっしゃいませ。いらっしゃいませ。本日、ご利用の方には、３割引でサービスしますよっ。

李守美：ねえ、私達、昼ごはんはここで食べようよ。回転寿司だから、あんまり負担かからないし。

雄　二：おれはラーメン食って、夕食は福岡名物のふぐコースにしようと思ってたんだけどなあ。

李守美：えっ、ふぐって、福岡の名物なの。あたし、知らなかったわ。福岡って意外とグルメの町なのね。

雄　二：そうさ。ふぐ料理に、博多ラーメンに、明太子の産地でもあるし、おいしいもんいっぱいなんだよ。

李守美：でも、日本と言えばやはりお寿司だから、今日のお昼はここで決まりだね。以上、私の勝ちでした。

雄　二：全くお前ってやつは仕様がないね。まあ、いいか。お腹ぺこぺこだし。はい、わかった。入ろう。

店　員：どうぞ、いらっしゃいませ。今朝、魚市場から卸した新鮮な魚で握ったお寿司ですよ。

李守美：うわ。おいしそうね。私、赤えびからいくわ。

雄　二：まあ、落ち着けよ。お前って旨いもの見たらもう目がないんだから。先ずお茶を入れてガリもとっておかなくっちゃ。おれは通だから卵からいくよ。

李守美：はい、はい。お好きなように。ビールつけよっか。

市内観光 2（キャナルシティ）

姜美愛：裕子さん。この次は、キャナルシティのトトロの専門店へ行ってみましょう。

裕　子：そうですね。あそこは外国の方々にもけっこう知られているようですね。

姜美愛：日本のアニメは世界中で人気ですからね。特に、宮崎駿監督の作品は韓国でもファンが多いです。

裕　子：へえ、本当に。私は韓国のドラマが好きですけど。

姜美愛：裕子さん、トトロの店を出たら電子製品の量販店に行ってみたいですが、お時間大丈夫でしょうか。

裕　子：はい、今日1日は美愛さんのために、朝から晩まで空けてありますから、気にしなくてもいいですよ。

姜美愛：裕子さんのおかげで、今日は無駄足を運ばなくて済んだから、すごく助かります。感謝してます。

裕　子：いいえ、なんの、なんの。他に行きたい所とか、まだ買っていないお土産とかはありませんか。

姜美愛：そうですね。日本の歴史の本が買いたいです。

裕　子：本なら、古本屋に行くとけっこう安く買えますよ。

姜美愛：はい。そうした方がよさそうですね。ところで裕子さん、夕食は何にするおつもりですか。

裕　子：中洲にすごく美味しいおそば屋がありますけど。

姜美愛：本当ですか。私、そば、大好きです。たまには釜山でも食べるけど、やはり本場の味には勝てませんね。

裕　子：いいえ、そんなことありません。この前、ソウルで食べたざるそばは、かなり美味しかったんですよ。

姜美愛：そうですか。なぜ釜山にはないかしら。

裕　子：あ、もうトトロの店に着きましたよ。

市内観光 3（ソバ屋）

店　員：いらっしゃいませ。何名様でしょうか。

裕　子：２人です。堀こたつの座敷は空いてますか。

店　員：すみません。ちょうど今、満席になっておりますが。

裕　子：じゃ、テーブルでいいです。美愛さん、どうぞ。

店　員：はい、メニューでございます。当店のそばは挽たてのそば粉を手打ちしたもので、ツヤとコシが自慢です。

裕　子：私は鴨せいろうにしますけど、美愛さんは。

姜美愛：私は天ぷらそばにしたいんです。

裕　子：では、鴨せいろうと天ぷらそばをお願いします。

店　員：はい、かしこまりました。鴨せいろうと天ぷらそばを１つずつですね。ご注文承りました。

：

店　員：お待たせしました。鴨せいろうと天ぷらそばでございます。そば湯もどうぞ。美容と健康にいいんですよ。

姜美愛：わあ、おいしそうですね。

裕　子：そうですね。さあ、食べましょうか。

：

姜美愛：ああ、おいしかった。さすが裕子さんお勧めの店だけあって、美味しかったですね。ごちそうさまでした。

裕　子：それで私がここの常連になったんですよ。じゃ、そろそろ行きましょうか。夕食は私がおごります。

姜美愛：いいえ、今日は私のために時間を費やしましたから、私が出します。すいません、会計お願いします。

裕　子：じゃ、お言葉に甘えて。ごちそうさまでした。

店　員：はーい、ありがとうございました。ご一緒でよろしいでしょうか。税込みで4,700円になります。

語彙チェック

観光案内所

- □ 尋(たず)ねる
- □ お出(い)で
- □ 探(さが)す
- □ 巡(めぐ)る
- □ 内容(ないよう)
- □ 何枚(なんまい)
- □ 通訳(つうやく)
- □ 役(やく)に立(た)つ
- □ 都心(としん)
- □ 建物(たてもの)
- □ 市内(しない)
- □ 5個所(ごかしょ)
- □ 読(よ)む
- □ 必要(ひつよう)
- □ 困(こま)る

市内観光 1 (天神)

- □ 集中(しゅうちゅう)
- □ 入口(いりぐち)
- □ 片方(かたほう)
- □ 回転寿司(かいてんずし)
- □ 夕食(ゆうしょく)
- □ 明太子(めんたいこ)
- □ お昼(ひる)
- □ 勝(か)つ
- □ お腹(なか)
- □ 魚市場(うおいちば)
- □ 寿司屋(すしや)
- □ 招(まね)き猫(ねこ)
- □ 日本中(にほんじゅう)
- □ 負担(ふたん)
- □ 意外(いがい)
- □ 産地(さんち)
- □ 決(き)まる
- □ 全(まった)く
- □ 今朝(けさ)
- □ 握(にぎ)る

市内観光 2 (キャナルシティ)

- ☐ 裕子(ひろこ)
- ☐ 専門店(せんもんてん)
- ☐ 宮崎駿(みやざきはやお)
- ☐ 監督(かんとく)
- ☐ 作品(さくひん)
- ☐ 電子製品(でんしせいひん)
- ☐ 量販店(りょうはんてん)
- ☐ 無駄足(むだあし)
- ☐ 感謝(かんしゃ)
- ☐ 歴史(れきし)
- ☐ 古本屋(ふるほんや)
- ☐ 中洲(なかす)

市内観光 3 (ソバ屋)

- ☐ 何名様(なんめいさま)
- ☐ 堀(ほり)こたつ
- ☐ 座敷(ざしき)
- ☐ 当店(とうてん)
- ☐ 挽(ひき)たて
- ☐ 粉(こな / こ)
- ☐ 手打(てう)ち
- ☐ 鴨(かも)
- ☐ 天(てん)ぷら
- ☐ 承(うけたまわ)る
- ☐ 美容(びよう)
- ☐ 健康(けんこう)
- ☐ 常連(じょうれん)
- ☐ 費(つい)やす
- ☐ 会計(かいけい)
- ☐ 言葉(ことば)
- ☐ 甘(あま)える
- ☐ 税込(ぜいこ)み

会話練習

ア： すみません。猿芝居は何時から始まりますか。

イ： 平日は朝10時からで、休日は9時からです。
年中無休です。

ア： 阿蘇の観光はどうでしたか。

イ： 火山の噴火口を初めて見ましたので、すごく感動しました。
でも、火山ガスは怖かったです。

ア： 日本の食べ物はどうでしたか。

イ： おいしかったんですが、辛いものが食べたくなりました。

ア： 添乗員さん、今回の団体は何人ですか。

イ： 全員で38人でございます。

文型及び文法

❶ ~といえば(~라면)

「~을 화제로 하면」, 「~에 대해서 언급하자면」이라는 뜻을 가지고 제목을 제시할 때에 사용된다. 그 자리의 누군가가 이미 화제로 삼고 있거나, 또는 자신의 마음속에 떠올리고 있는 사항을 적극적으로 이어받아 테마로 하여, 그것을 계기로 관련사항에 대해 이야기해나가는 표현방법이다.

ex A：新しい病院ができましたね。

B：病院といえば、山田さんが入院したそうですよ。

A：この本は図書館で借りたんです。

B：図書館といえば、もう工事は終わったんでしょうか。

❷ ~というのは

사물이나 단어의 뜻을 설명할 때 쓰이며, 문장의 말미에 「~ことだ」「~という意味だ」등이 온다. 「~とは」로 바꿔서 쓸 수도 있다.

ex 河童寿司というのは＿＿＿＿＿＿＿＿＿＿＿＿＿＿。

納豆というのは＿＿＿＿＿＿＿＿＿＿＿＿＿＿＿＿。

❸ ~によって

물건을 주고받는 수단이나 방법이 될 수 있는 사항이나 행위를 나타내는 명사 및 「~こと」등을 받아서 표현한다. 다만 여기서 주의해야 할 것은, 주체가 자주적으로 무엇인가를 행할 때 일시적으로 이용하는 데에 지나지 않는 매개적인 도구류를 「~によって」등으로 받을 수 없다는 점이다. 수동태의 동사가 나타내는 동작의 주체(행위자, 중개자)를 나타내며, 인물을 주로 받고 인물에 준하는 사물, 생물 등의 명사를 받는 경우가 많다. 물론 의인법 등의 효과를 내기 위해 무생물 명사를 받기도 한다.

ex 小さなミスによって＿＿＿＿＿＿＿＿＿＿＿＿＿＿＿。

電気はエジソンによって＿＿＿＿＿＿＿＿＿＿＿＿＿＿。

サービス関連の語句

☺	いらっしゃいませ。何名様でございますか。 어서 오십시오. 몇 분이십니까?
☺	お客様、ご予約はされていらっしゃいますか。 고객님, 예약은 되어있으십니까?
☺	お座席までご案内致します。 좌석으로 안내해드리겠습니다.
☺	こちらのお座席でよろしいでしょうか。 이쪽 자리로 괜찮으시겠습니까?
☺	ご注文はお決まりでしょうか。 / ご 注文をお伺い致します。 주문은 정하셨습니까? / 주문 내용을 말씀해주십시오.
☺	お決まりでしたらお呼び下さいませ。 (음식이) 결정되시면 불러주십시오.
☺	今日のお勧めの料理は~でございます。 오늘의 추천요리는 ~입니다.
☺	申し訳ございませんが、マッコリは取り扱っておりません。 죄송합니다만, 막걸리는 취급하지 않습니다.
☺	かしこまりました。出来上がり次第、すぐお持ち致します。 잘 알겠습니다. 음식이 되는대로 바로 가져다드리겠습니다.

☺	お客様、お食事の前に何かドリンクでもお持ち致しましょうか。 고객님, 식사하시기 전에 뭔가 마실 거라도 가져다드릴까요?
☺	お待たせ致しました。ごゆっくりお召し上がり下さい。 오래 기다리셨습니다. 천천히 맛있게 드십시오.
☺	只今、満席となっておりますので、お待ちになりますか。 지금 빈 자리가 없습니다만, 기다리시겠습니까?
☺	お席が空き次第ご案内致します。 자리가 비는 대로 즉시 안내하겠습니다.
☺	ご注文は以上でよろしいでしょうか。 주문은 이상으로 전부이십니까?
☺	デザートは何になさいますか。 후식은 무엇으로 하시겠습니까?
☺	お客様、デザートをお持ちしました。 고객님, 후식이 나왔습니다.
☺	私はお客様のディーナのお世話をさせていただく李と申します。 저는 손님의 저녁식사 시중을 들 李라고 합니다.
☺	少しお時間がかかると思いますが、大丈夫ですか。 약간 시간이 걸립니다만, 괜찮으시겠습니까?

Memo

호|텔|관|광|실|무|일|본|어|회|화

第12課

チェックアウト

基本会話

チェックアウトの準備

フロント：はい、フロントでございます。

呉秀彬　：もしもし、1425号室の呉秀彬ですが。

フロント：はい、お客様。どのようなご用件でしょうか。

呉秀彬　：あの、パスポートが見つからないんですよ。もしかして一昨日チェックインの際に、フロントに置き忘れたんじゃないかと思いまして。

フロント：あ、さようでございますか。こちらでも今のところ預かっているパスポートはございませんが、もう一度確認してからご連絡いたします。

呉秀彬　：お願いします。私ももう一度探してみますので。

：

呉秀彬　：はい、呉秀彬ですが。

フロント：お客様、先ほどのパスポートの件ですが、やはりこちらフロントのほうにはございませんでした。

呉秀彬　：大変だ。どうしよう。出国時間が迫っているのに。
あ、あった、あった。なんだ、ここだったのか。
すみません。ありました。枕の下でした。

フロント：あ、見つかりましたか。よかったですね。

呉秀彬　：すみません、お騒がせしたりして。

フロント：いいえ。そんなことございません。それでは、失礼いたします。

呉秀彬　：どうも、すみませんでした。

チェックアウト（個人）

呉秀彬　：チェックアウト、お願いします。

フロント：1425号室の呉秀彬様でございますね。何かご不便はございませんでしたでしょうか。

呉秀彬　：特になかったんですけど。おいくらですか。

フロント：はい、ただいま確認しておりますので、少々お待ち下さいませ。冷蔵庫はご利用でしたか。

呉秀彬　：あ、これです。(チェック・シートを出す)

フロント：ミネラル・ウォーター２本とビール３本、ナッツのおつまみが１つでございますね。

呉秀彬　：はい。

フロント：はい、お待たせ致しました。２泊の料金に、ご利用のルーム・サービスとミニ・バーと、消費税を含めまして36,780円になります。お会計はキャッシュでよろしいでしょうか。

呉秀彬　：いや、カードでお願いします。はい、これで。

フロント：はい、かしこまりました。少々お待ち下さいませ。
はい、お待たせ致しました。こちらにサインをお願いします。

呉秀彬　：ここでいいんですね。

フロント：はい、そうです。こちらはお客様のカードと領収書になります。ご利用、ありがとうございました。またのお越しをお待ちしております。

呉秀彬　：はい、どうも。お世話さまでした。

チェックアウト(団体)

ガイド　：おはようございます。チェックアウトお願いします。

フロント：あ、OKツアーのガイドの方ですね。おはようございます。何か不便なことはございませんでしたか。

ガイド　：はい、ありませんでした。全部でおいくらですか。

フロント：いま確認しますので、少々お待ち下さい。
はい、お待ちどおさまでした。シングルが20部屋でお会計のほうは、全部で25万円でございます。こちらが領収書になります。

ガイド　：ちょうど25万円ですか。

フロント：はい、ちょうど25万円になります。

ガイド　：はい、どうぞ。数えてみてください。

フロント：はい、1、2、3、4、… 24、25。
はい。25万円、確かにいただきました。

ガイド　：鍵は全員返しているでしょうか。

フロント：20部屋のうち18部屋はチェックアウトされましたが、あと205号室と333号室の鍵はまだですが。

ガイド　：わかりました。内線で確認してみます。

：

ガイド　：これで全部返したつもりですけど、いいでしょうか。

フロント：はい、全てOKでございます。毎度ありがとうございました。またのご利用をお待ちしております。

ガイド　：どうも。またよろしくお願いします。

語彙チェック

チェックアウトの準備

- ☐ 準備(じゅんび)
- ☐ 一昨日(おととい)
- ☐ 置(お)き忘(わす)れる
- ☐ 預(あずか)る
- ☐ 大変(たいへん)だ
- ☐ 出国(しゅっこく)
- ☐ 迫(せま)る
- ☐ 枕(まくら)
- ☐ 騒(さわ)ぐ

チェックアウト（個人）

- ☐ 冷蔵庫(れいぞうこ)
- ☐ 消費税(しょうひぜい)
- ☐ 含(ふく)める
- ☐ 領収書(りょうしゅうしょ)

チェックアウト（団体）

- ☐ 数(かぞ)える
- ☐ 全員(ぜんいん)
- ☐ 返(かえ)す
- ☐ 内線(ないせん)
- ☐ 全(すべ)て
- ☐ 毎度(まいど)

会話練習

ア： チェックアウトをお願いします。

イ： はい、かしこまりました。ルームナンバ-をお願いします。

ア： 529号室です。

イ： 洪吉童様でございますね。少々お待ちください。

ア： おはようございます。チェックアウトをお願いします。

イ： ジャパンツア-のガイドのキム様でいらっしゃいますね。

ア： はい、そうです。

ア： 両替をお願いします。ドルを円に替えたいんですが。

イ： 今日のレートは1ドルで89円でございます。

ア： じゃ、500ドルだけ替えてください。

寿司屋の用語

일본 요리의 스시(초밥) 가게에서는 가게에서만 사용하는 독특한 용어가 있다. 손님들도 초밥 가게에서는 이러한 전문 용어로 즐겨 주문을 한다.

	用語	説明
1	あがり	녹차
2	がり	초절임 생강
3	カッパ巻き	오이를 넣어서 만 김밥 (カッパ가 오이를 좋아한다는 데에서 유래됐다고 함)
4	げそ	오징어 다리
5	しゃり	초밥용 밥
6	てっか巻き	참치의 붉은 속살이 들어있는 김밥
7	なみだ	와사비(わさび)를 칭함
8	ネタ	초밥 위에 얹는 고명, 건더기나 속 (원래는 ‘種(たね)’였으나 일부러 거꾸로 읽음)
9	むらさき	초밥을 찍어 먹는 간장소스
10	ひかりもの	전갱이나 고등어처럼 등 푸른 생선 또는 파란종류
11	よばんもの	신선도가 조금 떨어지는 재료

飲料及びお酒の用語

コーヒー	커피	コーラ	콜라
お茶	차 (녹차)	ウーロン茶	우롱차
ミルク	우유	オレンジジュース	오렌지주스
トマトジュース	토마토주스	ストレート	무알콜 음료
パイナップルジュース	파인애플주스	アップルジュース	사과주스
ミルクティー	크림홍차	ソフトドリンク	청량음료
紅茶(ティー)	홍차	日本酒	청주
焼酎	소주	清酒	청주
ビール	맥주	カクテル	칵테일
ワイン	와인	スコッチ	스카치
ウイスキー	위스키	シャンペン	샴페인
マティーニ	마티니	ジントニック	진토닉
バーボン	버번	ブランデー	브랜디

❶ 관광 일본역사

●●● 일본의 3대 名城

☞ 오사카(大阪)성 : 도요토미 히데요시(豊臣秀吉)가 축성했으며 웅장함이 특징이다. 1868년에 화재로 소실되었으나 1931년에 다시 세운 철근콘크리트 건조물이다.

☞ 히메지(姫路)성 : 지붕의 모양과 흰색으로 칠한 성벽 등, 성곽건축의 최고 전성기에 건축되었으며, 조형미가 빼어나 가장 아름다운 성으로 불린다.

☞ 쿠마모토(熊本)성 : 축성술의 귀재라는 가토 기요마사(加藤清正)가 자신의 본거지인 구마모토에 축성했으며, 견고한 것으로 유명하다.

●●● 織田·豊臣·徳川의 출신배경과 성격

• 織田信長

지금의 나고야(名古屋)에서 영주의 아들로 태어났다. 불같은 성격으로 격정적이며, 잔인하고 용맹했으며 과단성과 결단력이 뛰어났다.

조총을 대량으로 사용하는 집단전법을 개발하여 강적 이마가와 요시모토(今川義元)를 격파한 후, 정치의 중심지 교토(京都)를 장악하고 상업을 육성하여 부국강병을 실현하고 산업을 장려했으나, 지금의 시가현(滋賀県)인 아즈치(安土)에 거대한 성을 세우고 서일본 지역을 공략하던 중, 자신의 부하 아케치 미츠히데(明智光秀)가 반역하고 기습을 해오자, 전국시대(戦国時代)의 혼란으로부터 일본 통일의 완성을 목전에 두고 자살로 생을 마감했다.

• 豊臣秀吉

지금의 나고야(名古屋)에서 농민의 자식으로 태어났다. 오다 노부나가(織田信長)의 짚신 당번을 맡은 끝에 아시가루(足軽)라는 최하급의 무사로 입문했다. 이후로 축성공사에서 능력을 발휘하는 등 인정을 받아 승승장구하여 초고속 승진을 하여 노부나가의 심복부하로 출세했다.

경쟁자 아케치 미츠히데(明智光秀)가 노부나가에게 불만을 품고 혼노지(本能寺)에서 반란을 일으키자 이를 진압하고 노부나가의 후계자로 올라서 8년간에 걸쳐 일본 통일을 완성했다. 출신이 미천했기 때문에 열등감과 자존심이 강했다. 인상이 원숭이 같이 생겼기 때문에 원숭이(猿 : 사루)라는 별명 또는 대머리 쥐새끼(禿げ鼠 : 하게네즈미)라는 호칭으로 통했다. 계급이 격상될 때마다 옛날의 그가 아니라는 것을 과시하기 위해 아래의 순으로 성(姓)을 바꾸었으나, 무리한 조선침략 전쟁을 벌인 끝에 병사했다.

(木下藤吉郎 → 羽柴秀吉 → 豊臣秀吉)

• 徳川家康(とくがわいえやす)

지금의 아이치(愛知県)현에서 영주의 아들로 태어났으나 좌우의 세력이 강한 영주에게 인질로 붙잡혀 6세부터 13년간 인질생활을 했다. 그래서 자신이 성장하고 자국이 강해질 때까지 실력을 연마하면서 은인자중 때가 오기를 기다렸다. 노부나가와 히데요시에게 협력하고 부하노릇을 한 결과 히데요시로부터 에도(江戸)의 영주로 임명되었다.

조선침략에 참전하지 않고 있던 중, 히데요시가 병사하자 그의 아들 도요토미 히데요리(豊臣秀頼)를 제압한 후 에도(江戸)막부를 창설하고 쇼군(将軍)에 취임하여 265년간에 이르게 되는 정권의 기반을 탄탄히 다져놓았다.

② 전국시대 3걸의 성격에 대한 비유

– 손안에 있는 새가 울지 않을 때, 각각 어떻게 반응하는가에 대해서

- 織田信長 : 울지 않는 새는 새로서의 가치가 없다하여 「잔인하게 죽여버리는」 다혈질의 급한 성격.
- 豊臣秀吉 : 자존심이 강하고 꾀가 많기 때문에 「자극을 주거나 놀라게 하는 등 어떻게 해서라도 울게 만드는」 적극적인 성격.
- 徳川家康 : 무리하게 경거망동하지 않고 「언젠가 때가 되면 울겠지」 라는 기다림 속에 새에게 죽지 않도록 물이나 먹이를 주고 보호하면서 느긋하게 기다리는 인내심이 강한 성격.

③ 일본 최고의 (니혼이치 : 日本一 ➜ 천하제일)

일본인들은 때때로 「니혼이치(日本一)의 ~」라는 말을 곧잘 내세우는데, 이 말은 '일본 최고의 ~'라는 뜻이다. 즉 하찮은 것에도 자신이 일본에서 가장 뛰어난 것을 만들겠다는 자부심과 도전적인 자세로 일하는 모습에서 비롯된 말이다. 예를 들면 우동집을 운영할 경우에도 '일본에서 가장 맛있는 우동'을, 대장장이라면 '일본에서 가장 좋은 칼'을 만드는 것을 신조로 삼고 있다.

또한 가업을 세습하여 전통을 이어가는 것을 당연시하고 있다. 예를 들어 어떤 집안이 대대로 빵집을 경영하고 있었다면, 그 집의 아들이 일류대학을 나와서 정부에서 국장급의 중요한 직책에 있었다 하더라도, 퇴직 후에는 식당모자와 앞치마를 두르고 가업을 이어 빵을 만드는 것을 당연히 해야 할 책무로 여기고 다시 과거의 뿌리로 회귀하는 것이다. 그리고 그 일을 창피하게 여기거나 또 다른 직업을 찾지 않는다. 따라서 상술(商術)이나 기술(技術)의 노하우가 자자손손(子子孫孫)으로 대물림하여 이어지게 되었다.

第13課

帰国の手続き

ABC-MART
80%

駅弁
噴火湾
北海道老舗
ホタテ弁当

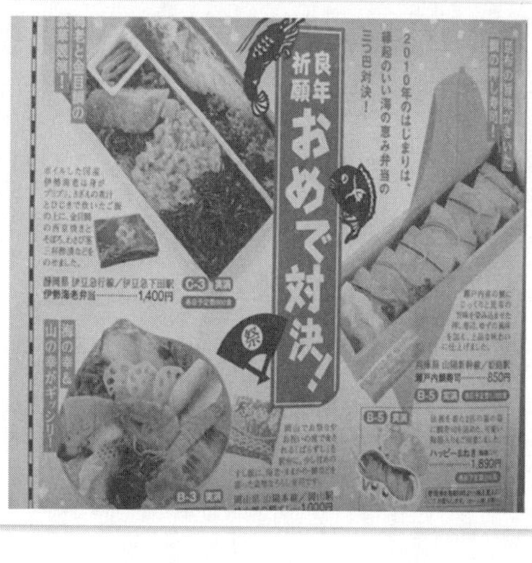
良年
祈願
おめで対決!
2010年のはじまりは、
縁起のいい海の恵み弁当の
三つ巴対決!

基本会話

ボーディング・カウンター 1

係　員：いらっしゃいませ。

李守美：15時50分発、釜山行きの713便を予約しましたが。

係　員：お名前と予約番号をお願いいたします。

李守美：李守美です。予約番号は忘れてしまいましたけど。

係　員：では、パスポートをお願いします。

李守美：はい、これです。

係　員：少々お待ちくださいませ。
李守美様ですね。本日、15時50分発の釜山行きですね。予約を確認しました。お荷物は一つでしょうか。

李守美：いいえ、この傘とボストンバッグもお願いします。この香水はハンドバッグに入れて、機内に持込んでも大丈夫ですか。液体は厳しくなっていると聞きましたけど。

係　員：はい。それぐらいでしたらかまいません。では、お荷物を計量台に載せてください。中に危険物やライターは入っていないでしょうか。

李守美：はい、ありません。お酒が入っているので、割れ物のタッグを付けてください。そして、できれば窓側の席にお願いしたいんですけど。

係　員：はい、かしこまりました。このタッグにサインをお願いします。窓際の席は後ろしか残っておりませんので、47のAの席でもよろしいでしょうか。

李守美：はい、かまいません。

係　員：それでは、搭乗券をどうぞ。出発の30分前までにはゲートの前でお待ちくださいませ。ご利用、ありがとうございました。

李守美：どうも、お世話さまでした。

ボーディング・カウンター 2

係　員：いらっしゃいませ。どちらまででしょうか。

呉秀彬：午前10時半出発のソウル行きを予約しましたが。

係　員：予約のチケットとパスポートをお願いします。

呉秀彬：はい、これが E-チケットです。

係　員：お荷物は３つでよろしいですか。申し訳ありませんが、こちらの計量台まで載せていただけますか。

呉秀彬：はい。

係　員：お客様、許された重量を17キロ越えていますので、追加の運賃が必要になりますが、よろしいでしょうか。

呉秀彬：えっ、17キロもですか。何キロまで無料ですか。

係　員：20キロまででございます。

呉秀彬：じゃ、いくら払えばいいんでしょう。

係　員：オーバーした分については、１キロ当り500円の追加になりますので、8,500円になります。

呉秀彬：まあ、仕様がないっか。
じゃ、これでお願いします。それと、前方の通路側の席でお願いします。
(1万円札を出しながら)

係　員：はい、かしこまりました。それでは、１万円お預かり致します。少々お待ちくださいませ。
お待たせ致しました。先ず、おつりの1,500円と領収書です。それから搭乗券と、こちらはお荷物の預り証でございます。お荷物の検査が終わるまで5分ぐらいお待ちになってから、中へ入ってくださいませ。

呉秀彬：はい、わかりました。どうも。

係　員：どうもありがとうございました。はい、次の方どうぞ。

保安検査

保安係1：パスポートと搭乗券をお見せください。

呉秀彬　：はい、これです。

保安係1：ご協力ありがとうございました。

：

２列に並んでお入り下さい。上着を脱いで、ポケットの中にあるものは全部かごの中に入れてください。靴はスリッパにはき替えてください。男性の方はベルトをはずしてください。機内へ持込む液体は、透明なビニル袋に入れてください。

：

保安係2：中にパソコン入ってますか。

呉秀彬　：はい、ノートパソコンが入っていますが。

保安係2：パソコンはケースから出して、このかごの中に入れて検索台の上に載せて下さい。

呉秀彬　：はい、わかりました。このハンカチはポケットのままでいいんですか。

保安係2：それは、結構です。

：

保安係3：はい、次の方、前へどうぞ。
足を開いて両手をあげてください。探知機が反応していますけど、ポケットに何か金属のものが入っていますね。出してください。

呉秀彬　：すみません。小銭出すのを忘れました。

保安係3：はい、結構です。前のほうへ進んでください。

：

審査官　：パスポートと搭乗券を出してください。

語彙チェック

ボーディング・カウンター 1

- □ 釜山行(ブサンゆ)き
- □ 液体(えきたい)
- □ 厳(きび)しい
- □ 計量台(けいりょうだい)
- □ 危険物(きけんぶつ)
- □ 割(わ)れ物(もの)

ボーディング・カウンター 2

- □ 許(ゆる)す
- □ 重量(じゅうりょう)
- □ 越(こ)える
- □ 追加(ついか)
- □ 運賃(うんちん)
- □ 無料(むりょう)
- □ 払(はら)う
- □ 前方(ぜんぽう)
- □ 預(あずか)り証(しょう)
- □ 次(つぎ)の方(かた)

保安検査

- □ 保安(ほあん)
- □ 列(れつ)
- □ 脱(ぬ)ぐ
- □ 靴(くつ)
- □ 透明(とうめい)
- □ 袋(ふくろ)
- □ 金属(きんぞく)
- □ 探知機(たんちき)
- □ 小銭(こぜに)

会話練習

ア： 添乗員さん、今、何時ですか。

イ： 12時10分前です。

ア： これはここでしか売ってないんですか。

イ： そうですね。当ホテルならではのものです。

ア： ホテルで働くと休みはいつとれますか。

イ： 休みは週に2回ですが、ほとんどが平日です。

ア： 運転手さん、ここからホテルまでどれぐらいかかりますか。

イ： 普通は1時間ぐらいですが、道が混むと2時間近くかかることもあるんです。

文型及び文法

❶ ~た後(~한 후에)

동사의 과거 및 완료형과 연결된 경우에는 시간의 전후관계를 나타내는 말로 사용되며, 어떠한 행위가 끝난 후를 나타낸다. 조사 「で」가 붙어서 「~한 뒤에」의 뜻으로 사용되는 경우가 많은데, 문장의 말미에 주로 과거의 사실이나 의지, 부탁, 권유 등의 표현이 이어진다.

ex 残念なことに私がたずねた頃には、あの人はもう引っ越した後だった。
授業が終わった後で、映画を見に行きましょう。

❷ ~てください(~해주십시오)

정중한 명령형인 「~하세요」, 「~하십시오」의 표현으로, 어디까지나 명령형인 만큼 윗사람에게는 쓸 수 없는 말이다. 이때 「ませんか」를 붙이면 완곡한 표현이 되므로 윗사람에게도 쓸 수 있게 된다.

방향이나 위치를 나타내는 '쪽'은 형식명사 「側、方」에 해당한다.

ex あの山を登って市内へ降りてください。
左側へ曲ってまっすぐ行って、橋を渡って下さい。

❸ ~たら

만약 「~たら」앞에 오는 내용이 성립되었을 때는 그것에 대한 말하는 사람의 판단(의뢰, 허가, 금지, 의지, 명령) 등을 표현할 때 쓰인다. 「~ば」와는 대부분 대체가 가능하지만「~と」와는 대체할 수 없는 경우가 많다. 「~と」는 아직 확정되니 않은 일에 사용할 수 없기 때문이다.

ex 授業が終わったらアルバイトをします。
安かったらもう一台、コンピュータを買います。

④ ~てしまう(~해 버리다)

이 문형은 먼저 '완료', 즉 어떤 과정을 갖는 동작이 끝까지 행해지는 것을 표현한다. 이 경우에는 주로 「読む, 書く, 話す, 食べる」 등의 계속동사와 「ぜんぶ, 完全に, ひととおり」 등의 부사를 동반하는 일이 많다. 두 번째로 '아! 유감스럽게도…'라는 의미가 첨가되어 어떤 동작이나 작용이 행해진 결과가 돌이킬 수 없는 것이라는 느낌을 표현한다. 이 경우에는 거의 대부분이 「破れる, 切れる, 燃える, 倒れる, 消える, 折れる, くさる, 死ぬ」 등의 자동사가 사용되며 「~てしまった」로 과거형이 된다. 세 번째로 '귀찮아서…'라는 의미가 첨가되어 적극적으로 동작에 가담하여 결말을 짓는 것을 표현하다. 이 경우 대개 「破る, 切る, 燃やす, 倒す, 消す, 折る, 捨てる, かたづける」 등의 타동사가 주로 사용되며 의지형이나 명령형이 쓰인다. 그 밖에도 사람의 동작이 무의식적으로 행해졌을 때나 곤란한 일이나 기대에 어긋난 일이 행해졌을 때도 사용되기도 한다.

ex 彼女は嘘が上手で、あたかも本当のことのように話すので、すぐにだまされてしまう。

ex おなかがすいていたので、二人前も食べてしまいました。

ex 酒を飲んで酔ったときについやってしまうことのランキング。声が大きくなる、寝てしまう、笑い上戸になる、言葉がおかしくなる、同じ話を繰り返す、必要以上に人に絡む、歌を歌う、愚痴を言う、子どもっぽくなる、人の噂話をききたがる、順である。

• **曜日(요일)**

にちようび 日曜日	げつようび 月曜日	かようび 火曜日	すいようび 水曜日	もくようび 木曜日	きんようび 金曜日	どようび 土曜日

● 日日(날짜)

一日(ついたち)	二日(ふつか)	三日(みっか)	四日(よっか)	五日(いつか)	六日(むいか)	七日(なのか)
八日(ようか)	九日(ここのか)	十日(とおか)	十一日(じゅういちにち)	十二日(じゅうににち)	十三日(じゅうさんにち)	十四日(じゅうよっか)
十五日(じゅうごにち)	十六日(じゅうろくにち)	十七日(じゅうしちにち)	十八日(じゅうはちにち)	十九日(じゅうくにち)	二十日(はつか)	二十一日(にじゅういちにち)
二十二日(にじゅうににち)	二十三日(にじゅうさんにち)	二十四日(にじゅうよっか)	二十五日(にじゅうごにち)	二十六日(にじゅうろくにち)	二十七日(にじゅうしちにち)	二十八日(にじゅうはちにち)
二十九日(にじゅうくにち)	三十日(さんじゅうにち)	三十一日(さんじゅういちにち)				

● 泊/ 박

一泊(いっぱく)	二泊(にはく)	三泊(さんぱく)	四泊(よんぱく)	五泊(ごはく)	六泊(ろっぱく)
七泊(ななはく)	八泊(はっぱく)	九泊(きゅうはく)	十泊(じゅっぱく)・十泊(じっぱく)	十一泊(じゅういっぱく)	何泊(なんぱく)

● 時間 / 시간

一時(いちじ)	二時(にじ)	三時(さんじ)	四時(よじ)	五時(ごじ)	六時(ろくじ)
七時(しちじ)	八時(はちじ)	九時(くじ)	十時(じゅうじ)	十一時(じゅういちじ)	十二時(じゅうにじ)

● 分 / 분

一分(いっぷん)	二分(にふん)	三分(さんぷん)	四分(よんぷん)	五分(ごふん)
六分(ろっぷん)	七分(ななふん)	八分(はっぷん)	九分(きゅうふん)	十分(じゅっぷん)

● 秒 / 초

一秒(いちびょう)	二秒(にびょう)	三秒(さんびょう)	四秒(よんびょう)	五秒(ごびょう)	六秒(ろくびょう)	七秒(しちびょう)・七秒(ななびょう)
八秒(はちびょう)	九秒(きゅうびょう)	十秒(じゅうびょう)	十一秒(じゅういちびょう)	十二秒(じゅうにびょう)	何秒(なんびょう)	

• 時の表現(때와 관련한 표현)

朝(あさ)	昼(ひる)	夜(よる)、晩(ばん)	午前(ごぜん)	午後(ごご)	時々(ときどき)	何時(いつ)
아침	낮	저녁, 밤	오전	오후	때때로	언제
一昨日(おととい)	昨日(きのう)	今日(きょう)	明日(あした)	明後日(あさって)	毎日(まいにち)	何日(なんにち)
그저께	어제	오늘	내일	모레	매일	며칠
先々週(せんせんしゅう)	先週(せんしゅう)	今週(こんしゅう)	来週(らいしゅう)	再来週(さらいしゅう)	毎週(まいしゅう)	何週間(なんしゅうかん)
지지난 주	지난 주	이번 주	다음 주	다다음 주	매주	몇 주간
先先月(せんせんげつ)	先月(せんげつ)	今月(こんげつ)	来月(らいげつ)	再来月(さらいげつ)	毎月(まいつき)	何月(なんがつ)
지지난 달	지난 달	이번 달	다음 달	다다음 달	매월	몇 월
一昨年(おととし)	去年(きょねん)	今年(ことし)	来年(らいねん)	再来年(さらいねん)	毎年(まいとし)	何年(なんねん)
재작년	작년	올해	내년	내후년	매년	몇 년

●●● 일본의 화폐 ●●●

福沢諭吉(ふくざわ ゆきち : 1835~1901)

일본의 근대화를 선도한 九州 大分県 출신의 계몽사상가, 교육가, 언론인. 慶応大学의 설립자. 봉건적 제도 타파에 진력하여 『西洋事情』, 『学問のススメ』 등을 써서 근대화를 위한 계몽활동을 펼침. 1880년대에는 脱亜論을 주창하면서 일본 정부의 대륙침략, 즉 청일전쟁을 지지하는 등, 청년기의 자유민권론자에서 국가주의자로 변신.

新渡戸稲造(にとべ いなぞう : 1862~1933)

岩手県 출신의 교육가이자 외교관으로, 東京外国語学校와 札幌農学校를 졸업하고 미국과 독일에 유학한 후, 東京大学 교수, 東京女子大学의 초대 학장, 국제연맹 사무차장을 역임. 영문 저서 『武士道』의 저자로도 유명.

▲ 위의 三人의 공통점 : 明治時代/국제파

野口英世(のぐち ひでよ : 1876~1928)

福島県 출신의 세균학자. 빈농의 장남으로 태어났으나 의원의 서생으로 의학과 외국어를 배워, 세균학의 길을 걷게 된다. 이후 미국과 덴마크 등지에서 활동하다가 매독균 연구로 명성을 떨쳤다. 황열병 연구에도 많은 업적을 남겼으나, 아프리카에서 연구 중에 그 자신도 황열병에 걸려 1927년에 사망했다.

- **2000円新券**(2000. 7. 20. 발행)

☞ 発券趣旨 : 2000年을 기념한 2000円. 沖縄에 대한 정치적 배려 〈沖縄G8会議에 맞춰 발행〉

首里城守札門

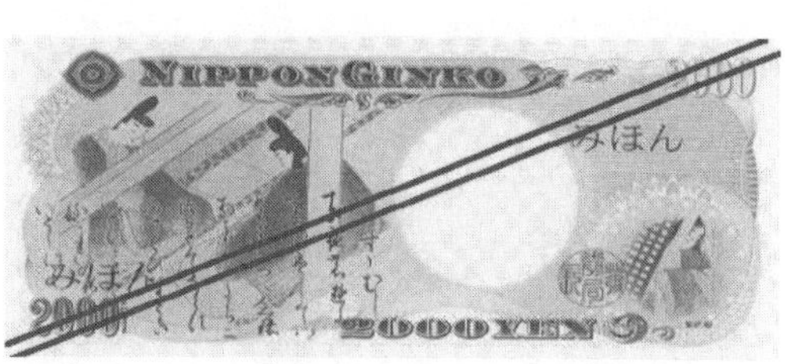

源氏物語と作者の紫式部

〈그림〉 앞면 : 沖縄の守札門(しゅれいもん)　뒷면 : 源氏物語(げんじものがたり)と作者の紫式部(むらさきしきぶ)

- **新500円 硬貨(2000. 8. 1. 발행)**

☞ 한국의 500원 주화와 차별화(「500원」의 自販機 盜用으로 사회문제화)

☞ 五円(ごえん) ⇒ ご縁(ごえん) ： お土産の際、貼付けて懇情を暗示

- **현행 화폐 직전의 화폐 (1958.12.1~1984. 10. 31)**

☞ 현재 유통은 되지 않고 있으나 화폐의 가치는 유효함.

聖徳(しょうとく) 太子

聖徳(しょうとく) 太子

伊藤博文(いとう ひろぶみ)

夏目漱石

호|텔|관|광|실|무|일|본|어|회|화

第14課

免税店の買い物

免税店 1

店　員：いらっしゃいませ。何をお探しでしょうか。

呉秀彬：娘にプレゼントする人形を探しているんですけど、キティーちゃんの人形はありませんか。

店　員：すみません。キティーちゃんの人形は扱っていないんですよ。熊のぬいぐるみはいかがでしょうか。

呉秀彬：娘がキティーじゃなければいやだと言ったので、ぜひそれがほしいんですけど。よそでも置いてないんでしょうか。

店　員：そうですね。おそらくはこちらだけでなく、ここ全体を探してもないと思いますが。

呉秀彬：そうですか。じゃあ、仕方ないんですね。この着物人形はいくらですか。

店　員：それは6,500円です。今キャンペーン中で、同じ形をしたミニチュアの携帯用のストラップがついているんですよ。いかがでしょうか。

呉秀彬：ちょっと高いけど、これならなんとか喜んでもらえるかも知れませんね。これください。

店　員：はい、ありがとうございました。包装するまで少々お待ちください。他に必要なものはないんでしょうか。奥様によく似合いそうなスカーフもございますので。

呉秀彬：家内には化粧品をお土産にするつもりですが、売り場はどちらですか。

店　員：そうですか、化粧品の売り場はそちらの角を曲りますと、左側にございます。

免税店 2

店　員：いらっしゃいませ。何をお求めでしょうか。お決まりのメーカーはございますでしょうか。

安智恵：SKⅡのトリートメント・エッセンスはありますか。

店　員：あ、お顔用のフェイシャル・トリートメントですね。はい、ございます。

安智恵：デパートで買うより、こっちのほうが安いでしょうね。

店　員：はい、もちろんです。定価12,600円のものが免税価格では7,800円になります。

安智恵：じゃ、それ一つと、シャネル５番の香水をください。

店　員：ありがとうございます。こちらは5,600円になります。以上でよろしいでしょうか。

安智恵：はい、それでお願いします。

店　員：お支払はどのようになさいますか。

安智恵：現金でお願いします。おいくらですか。

店　員：トリートメント・エッセンスが7,800円に、香水が5,600円、合わせまして13,400円でございます。

安智恵：はい、これでお願いします。サービスのサンプルも入れておいてくれますか。

店　員：はい、かしこまりました。15,000円お預かりいたします。お包み致しますので、少々お待ちくださいませ。

：

店　員：お待たせ致しました。1,600円のお返しになります。領収書はこちらのビニール袋の中に入れてございますので、飛行機からお降りになるまでお開けしないようにお願いします。どうもありがとうございました。

安智恵：どうも。お世話さまでした。

免税店　3

李守美：あの、すみません。カメラのバッテリーありますか。

店　員：はい、カメラのメーカーとモデルは何でしょうか。

李守美：このカメラなんですけど。

店　員：あ、これですか。少々お待ちくださいませ。
お待たせしました。このタイプにはこのバッテリーになりますが、よろしいでしょうか。

李守美：それはいくらですか。

店　員：はい、6,500円になります。

李守美：それと、16ギガのメモリーカードありますか。

店　員：SDメモリーカードですね。メーカーはいろいろありまして、16ギガですと、値段はだいたい2,500円から3,500円のあいだになりますが。

李守美：私はサンディスクのメモリーがほしいんですけど。

店　員：少々お待ちください。在庫があるかどうか、今ちょっと確かめますので。

：

店　員：はい、お待たせ致しました。お客様、申し訳ございません。サンディスクの16ギガは、あいにく品切れになっているんですが。東芝のならございます。

李守美：そうですか。じゃ、それください。おいくらですか。

店　員：こちらは3,200円でございます。よろしいでしょうか。

李守美：はい、お願いします。

店　員：では、バッテリーが6,500円と、SDメモリーカードが3,200円、両方で9,700円になります。お支払はキャッシュでよろしいですか。

李守美：はい、現金でお願いします。

語彙チェック

免税店 1

- □ 娘(むすめ)
- □ 扱(あつか)う
- □ 全体(ぜんたい)
- □ 着物(きもの)
- □ 形(かたち)
- □ 包装(ほうそう)
- □ 化粧品(けしょうひん)
- □ 人形(にんぎょう)
- □ 熊(くま)
- □ 仕方(しかた)
- □ 同(おな)じ
- □ 喜(よろこ)ぶ
- □ 奥様(おくさま)
- □ 売(う)り場(ば)

免税店 2

- □ 顔用(かおよう)
- □ 価格(かかく)
- □ 定価(ていか)
- □ 包(つつ)む

免税店 3

- □ 在庫(ざいこ)
- □ 東芝(とうしば)
- □ 品切(しなぎ)れ
- □ 両方(りょうほう)

会話練習

ア： あの煎餅はいくらですか。

イ： 1ケース20個入りで2,000円でございます。

ア： 福岡の中洲は静かな所ですか。

イ： いいえ、静かではありません。
夜になるといちばん賑やかなところに変わりますよ。

ア： 今回の添乗員さんはどんな人ですか。

イ： 旅行社で10年以上、日本ツアーの担当者として勤めてきたベテランの添乗員ですので、ご心配無用です。

ア： じゃ、楽しみにしていてもいいんですね。

文型及び文法

① ~なければならない(~해야 한다. ~하지 않으면 안 된다)

법률, 규칙, 도덕, 습관 따위에 의해 의무감을 지니게 되어 개인의 의지로는 취사선택할 여지가 전혀 없는 상황을 나타낼 때나, 개인적인 문제라도 자신의 의지로 변경이 허용되지 않는 사안, 상황으로 보아 필연적이라고 생각되는 사안을 표현할 때 쓰인다.

ex 行けなくなったら、早めに連絡しなければならない。
乗り物の中ではお年寄りに席を譲らなければならない。
動物を飼ったら、最後まで面倒を見なければならない。

ex 明確で具体的でなければならないビジネス界で、「時間」という概念は非常に曖昧に使われている。このようなブラックボックスを明白にするのがこの本の目的である。この問題を解決するためには、仕事と時間の関係を理解しなければならない。

② ~より(~보다)

비교를 나타내는 격조사 「より」는 부사로도 쓰이며, 한계를 나타낼 경우에도 사용된다.

ex 彼女は私の妹より背が低いです。
大阪より東京の方が物価が高いです。

③ ~がほしい(~을 원하다, ~을 갖고 싶다)

형용사 「ほしい」는 어떠한 대상을 「원하다, 갖고 싶다」는 의미로 쓰이며, 앞에 오는 명사에 대한 기호, 요구 등 마음의 움직임을 나타내기 때문에 명사 다음에 오는 조사를 「を」로 쓰지 않고 「が」를 사용한다.

ex 私はお金がほしいです。(나는 돈을 원합니다)

私はコートが欲しくないです。(나는 코트를 갖고 싶지 않습니다)

4 つもり(생각, 예정)

계획이나 주관적인 생각을 나타내는 형식명사「つもり」도 단정의 조동사「~だ(~です)」와 함께 쓰인다. 계획을 나타낼 때는 미래가 되지만, 이미 행한 행동에 대해 그때의 마음가짐을 표현할 경우에는 과거가 된다.

ex 私一人でもするつもりです。

将来、日本語の先生になるつもりです。

●●● 조수사(1)

• 序數 / 물건을 헤아릴 때

一(ひと)つ	二(ふた)つ	三(みっ)つ	四(よっ)つ	五(いつ)つ	六(むっ)つ
七(なな)つ	八(やっ)つ	九(ここの)つ	十(とお)	いくつ	

• 枚(장), / 台(대), / 名(명), / 番(번)

一(いち)	二(に)	三(さん)	四(よん)	五(ご)	六(ろく)
七(なな)(七(しち))	八(はち)	九(く)・(九(きゅう))	十(じゅう)	何(なん)	

• 個/ 개

一個(いっこ)	二個(にこ)	三個(さんこ)	四個(よんこ)	五個(ごこ)	六個(ろっこ)
七個(ななこ)	八個(はっこ)	九個(きゅうこ)	十個(じゅっこ)	何個(なんこ)	

- 本 / 자루, 병, 편, 등

一本(いっぽん)	二本(にほん)	三本(さんぼん)	四本(よんほん)	五本(ごほん)	六本(ろっぽん)
七本(ななほん)	八本(はっぽん)	九本(きゅうほん)	十本(じゅっぽん)	何本(なんぼん)	

- 足 / 켤레

一足(いっそく)	二足(にそく)	三足(さんそく)	四足(よんそく)	五足(ごそく)	六足(ろっそく)
七足(ななそく)	八足(はっそく)	九足(きゅうそく)	十足(じゅっそく)	何足(なんぞく)	

- 冊 / 권

一冊(いっさつ)	二冊(にさつ)	三冊(さんさつ)	四冊(よんさつ)	五冊(ごさつ)	六冊(ろくさつ)
七冊(ななさつ)	八冊(はっさつ)	九冊(きゅうさつ)	十冊(じゅっさつ)	何冊(なんさつ)	

- 匹 / 마리(작은 동물, 물고기)

一匹(いっぴき)	二匹(にひき)	三匹(さんびき)	四匹(よんひき)	五匹(ごひき)	六匹(ろっぴき)
七匹(ななひき)	八匹(はっぴき)	九匹(きゅうひき)	十匹(じゅっぴき)	何匹(なんびき)	

- 頭 / 마리(큰 동물)

一頭(いっとう)	二頭(にとう)	三頭(さんとう)	四頭(よんとう)	五頭(ごとう)	六頭(ろくとう)
七頭(ななとう)	八頭(はちとう)	九頭(きゅうとう)	十頭(じっとう)	何頭(なんとう)	

- 羽 / 마리(날짐승)

一羽(いちわ)	二羽(にわ)	三羽(さんば)	四羽(よんわ)	五羽(ごわ)	六羽(ろっぱ)
七羽(ななわ)	八羽(はちわ)	九羽(きゅうわ)	十羽(じっぱ)	何羽(なんば)	

Memo

부 록

1. 본문해석
2. 일본의 경어
3. 알아두면 편리한 동사
4. 동사 활용표
5. 수수표현
6. 아스펙트

❶ 본문 해석

제2과

인사

요시무라 : 안녕하세요. 오랜만이군요, 동수씨.

동　수 : 어서오세요, 요시무라씨. 안녕하셨습니까? 소개하겠습니다.
이쪽은 제 친구 李입니다.

미　은 : 처음 뵙겠습니다. 저는 이미은이라고 합니다. 잘 부탁드립니다.

요시무라 : 처음 뵙겠습니다. 요시무라 후지오입니다.
저야말로 잘 부탁드립니다. 이미은씨도 가이드입니까?

미　은 : 네, 저도 그와 같은 여행사의 가이드입니다.
이것은 제 명함입니다. 여기 있습니다.

요시무라 : 네, 이것은 제 명함입니다. 이번 여행은 일로 온 것이 아니라 개인적으로 왔습니다. 그래서 부산의 명소를 보면서, 맛있는 음식도 많이 먹어 보고 싶습니다.

미　은 : 예, 알겠습니다. 부산의 좋은 곳을 안내해 드리겠습니다. 그럼 요시무라씨, 우선 호텔로 가실까요?

요시무라 : 네, 그렇게 합시다.

동　수 : 짐은 이것뿐입니까? 제가 들겠습니다.

요시무라 : 고마워요. 그런데 부산의 경치는 꽤 좋군요.

미　은 : 부산은 한국에서 제일가는 항구도시로, 바닷바람이 상쾌하답니다.

동　수 : 음식도 맛있고, 특히 신선한 어패류가 가득합니다.

요시무라 : 그거 참 기대되는 군요. 모쪼록 잘 부탁해요.

제3과

예약

■ 스케줄 예약 1

스기하라 : 예, 사쿠라관광의 스기하라입니다.

최 수 희 : 여보세요, 예약 담당 스기하라씨죠? 여기는 한국 무궁화관광의 최수희입니다. 안녕하세요. 잘 계셨습니까?

스기하라 : 어머, 수희씨. 항상 신세가 많아요. 잘 계셨어요? 저는 잘 있습니다. 변함없이 바쁘신 것 같군요. 모두들 건강하게 지내고 계신가요?

최 수 희 : 예. 덕분에 저도 모두도 건강하게 지내고 있습니다. 본론으로 들어가겠습니다만, 실은 다음달 8월에 이쪽에서 큐슈로 보내드릴 단체 예약 건으로 전화를 드렸는데요.

스기하라 : 아, 그래요? 몇 분이고, 몇 박 예정입니까?

최 수 희 : 가이드를 포함해서 16명이고, 5박 6일입니다. 나가사키, 구마모토, 가고시마, 미야자키, 벳푸를 도는 일주일 코스를 짜주셨으면 하는데요. 나흘째까지는 전세버스로, 닷새째는 후쿠오카에서 자유관광입니다. 대학에 들르거나 아는 사람을 만날 예정인 분도 있어서요.

스기하라 : 알겠습니다. 꼭 넣어야 될 명소는 어디일까요?

최 수 희 : 하우스텐보스, 아소산, 구마모토성, 사쿠라지마에다가 오션돔과 지옥순례입니다. 아, 다자이후 텐만구도 넣어주세요.

스기하라 : 예, 알겠습니다. 그러면 예약을 위해 언제나처럼 고객명부를 메일로 보내주세요. 그리고 호텔은 어떻게 할까요?

최 수 희 : 저…. 하카타역에서 가까운 관광호텔 클래스로 부탁합니다.

스기하라 : 알겠습니다. 달리 희망사항이 있으십니까?

최 수 희 : 나머지는 식사 건인데요. 일본의 전통식을 중심으로 짜주세요. 기타 자세한 것에 대해서는 메일로 알려드리겠습니다.

스기하라 : 예, 알겠습니다. 오늘은 수요일이니까 늦어도 금요일까지는 임시안을 짜서 보내드리겠습니다.

최 수 희 : 그렇군요. 그럼 잘 부탁합니다.

■ 스케줄 예약 2

스기하라 : 예, 사쿠라관광의 스기하라입니다.

최 수 희 : 여보세요? 스기하라씨죠? 한국의 최수희입니다. 안녕하세요.

스기하라 : 어머 수희씨, 안녕하세요. 지난번에는 정말로 고마웠어요.

최 수 희 : 뭘요. 저야말로 신세를 졌습니다. 감사드립니다. 오늘은 어제 예약한 학생단체 건에 대해 좀 변경하고 싶은 것이 있어서 연락했는데요.

스기하라 : 아, 그렇습니까? 어떤 내용입니까?

최 수 희 : 참으로 죄송합니다만, 그 학생단체의 호텔비가 예산에서 다소 초과된다고 가능하면 합숙센터 등으로 변경하고 싶다고 합니다.

스기하라 : 아, 그렇습니까? 아직 반 달이나 남아있기 때문에 변경은 충분히 가능하겠죠. 그러시다면 합숙센터인 '그린피어'는 어떨까요? 1박 2식에 4,500엔인데요.

최 수 희 : 그 편이 나을 것 같군요. 그럼 그렇게 부탁합니다.

스기하라 : 기타큐슈 레일패스는 안 쓰실 건가요? 철도와 배와 버스를 사흘 동안 무제한으로 탈 수 있고 가격도 1인당 7,000엔입니다.

최 수 희 : 좀 비싸네요. 버스만 타는 패스는 없습니까?

스기하라 : 산큐패스라는 것이 있지만, 일본은 철도가 편리하기 때문에 레일패스를 권합니다.

최 수 희 : 알겠습니다. 인솔하시는 선생님과 의논해서 오늘 중으로 전화 드리겠습니다. 대단히 감사합니다.

■ 스케줄 예약 3

유 지 : 예, 여보세요. 유지인데요.

이수미 : 유지니? 안녕. 나 수미인데, 전화 괜찮아?

유 지 : 전화는 괜찮은데, 도대체 어떻게 된 거야?

이수미 : 미안. 기말시험 때문에 정신이 없었어. 시험은 완전히 망쳤지만… 헤헤헤…

유 지 : 그렇군. 일주일씩이나 연락이 없길래 나는 이제 안 올 거라고 생각했었어. 그런데 결국 어떻게 됐어?

이수미 : 아버지 허가는 간신히 나왔는데, 예정을 변경해서 8월 5일부터 10일까지 단체투어로 가게 됐어.

유 지 : 뭐? 혼자서 개인적으로 오는 게 아니었어?

이수미 : 그게 말이야. 12부터 17일까지의 원래 일정은 아무리 해도 비행기 표를 구할 수가 없었어. 금년 8월 15일은 토요일과 일요일을 끼운 사흘 연휴라서 여름휴가를 이용해서 해외로 가는 사람들이 너무 많아.

유 지 : 그것 봐. 그러니까 서두르라고 말했던 거 아니야.

이수미 : 괜한 소리 하지 마. 단체표도 대기표로 겨우 손에 넣은 거니까. 그보다 16일은 자유관광이야. 하루 종일 비워둬야 해. 큐슈대학에 가서 모두를 만나야지.

유 지 : 알았어. 그럼 동아리의 모두에게는 그렇게 전해둘게. 더울 테니까 일찍 움직이자. 8시가 좋을 것 같은데.

이수미 : 그래. 괜찮다고 생각하는데, 오후는 어떻게 할 거야?

유 지 : 텐진에서 점심 먹고나서 어딘가 가자. 어디 가고 싶니?

이수미 : 글쎄, 후쿠오카 시내는 작년에 거의 봤으니까 이번에는 다른데 가고 싶어. 나 전부터 고쿠라와 시모노세키에 가보고 싶었는데, 거기 가지 않을래? 관문해협도 볼 수 있고 말이야. 응? 가자.

유 지 : 좋아, 알았어. 그럼 저녁밥은 시모노세키에서 복어 풀코스지!

제4과

항공회화 1

■ 기내회화 1(탑승)

승무원 : 어서 오십시오. 안녕하십니까? 고객님. 탑승권을 보여주십시오.

승 객 : (보이면서) 저…. 27의 A인데요.

승무원 : A는 왼쪽 통로입니다. 이쪽으로 가십시오.

승 객 : 아, 고마워요.

:

승 객 : 여기요. 27의 A는 어디쯤인가요?

승무원 : 27의 A는 저 비상구 바로 앞의 창가 쪽 자리입니다.
승 객 : 아, 그래요? 고마워요.

:

승무원 : 고객님, 죄송합니다만 가벼운 것은 선반 위에 놓아주십시오.
승 객 : 알았어요. 그럼 미안하지만 좀 넣어주실래요? 내친김에 이 웃옷도.
승무원 : 예, 알겠습니다.
승 객 : 저…. 일본신문 있습니까?
승무원 : 아사히, 요미우리, 마이니치신문과 일간스포츠 등이 있습니다만.
승 객 : 경제신문은 없습니까?
승무원 : 경제신문은 '니혼케이자이신문' 뿐입니다만.
승 객 : 그럼 마이니치신문과 니혼케이자이신문을 부탁합니다. 아, 그리고 입국카드와 세관 신고서도 한 장씩 부탁해요.
승무원 : 예, 알겠습니다. 잠시만 기다려주십시오.
승 객 : 고마워요.

■ 기내회화 2

승무원 : 어서 오십시오. 안녕하십니까? 아이를 동반하셨군요. 도와드릴까요?
승 객 : 정말 고맙습니다.
승무원 : 캐리어는 제가 들겠습니다. 좌석번호는 몇 번이십니까?
승 객 : 12의 B입니다.
승무원 : 예, 이쪽의 통로측입니다.
승 객 : 고맙습니다.

:

승 객 : 저, 미안하지만, 아기용 분유와 기저귀를 전부 써버렸는데 혹시 기내에 없나요?
승무원 : 분유와 종이기저귀는 준비되어 있습니다. 아이는 몇 살인가요?
승 객 : 한 살하고 6개월 된 여자아이입니다.
승무원 : 예, 알겠습니다. 곧 가져오겠습니다. 잠시만 기다려 주십시오.
승 객 : 아, 다행이다! 부탁합니다.

:

승무원 : 많이 기다리셨습니다. 분유와 18개월용 아기 기저귀입니다. 다른 용건이 있으시면 부담 없이 분부해주십시오.
승 객 : 고맙습니다. 정말 큰 도움이 됐습니다.

■ 기내회화 3

승무원 : 고객님, 도와드릴까요?
승 객 : 아, 예. 짐이 좌석 밑으로 안 들어가는데요.
승무원 : 그럼 이쪽 선반에 넣을까요?

승　객 : 예, 정말 고마워요. 그리고 저 사람과 동행인데 자리가 떨어져 있는데요, 좌석변경은 할 수 없을까요?

승무원 : 그러십니까? 잠시만 기다려 주십시오. 공석이 있는지 없는지 확인해서 곧 알려드리겠습니다.

승　객 : 고맙습니다. 부탁합니다.

:

승무원 : 고객님. 많이 기다리셨습니다. 저쪽 빈자리라면 함께 가실 수 있다고 합니다.

승　객 : 아, 그래요? 정말 고맙습니다. 도움이 됐어요.

승무원 : 아니오. 무슨 말씀을요. 좋은 여행 되십시오.

■ 기내안내방송

◉ **인사**

여러분께 야마토항공으로부터 안내말씀 드리겠습니다. 이번에 야마토항공을 이용해주셔서 진심으로 감사드립니다. 이 비행기는 고객님들께서 안전하고 쾌적한 하늘의 여행을 즐기실 수 있도록 다양한 서비스를 준비하고 있습니다. 이용하실 때는 객실 승무원들에게 부담 없이 말씀해주시기 바랍니다. 오늘 탑승해주셔서 감사합니다.

◉ **면세품 판매**

여러분, 이 비행기에서는 기내 면세품의 판매를 행하고 있습니다. 뛰어난 디자인의 좋은 상품을 저렴한 가격으로 판매하고 있습니다. 또한, 기종에 따라서는 제공해드릴 수 없는 물건도 있기 때문에 한 차례 확인을 하신 후에 주문해주십시오. 자세한 내용은 시트 포켓에 있는 카탈로그 또는 면세품 안내에 관한 페이지를 보아주십시오. 또한, 이 비행기에 탑재되지 않은 물건일지라도 카탈로그에 삽입해둔 주문서에 기입을 해주시면 귀국편에서 건네드릴 수 있으므로 많이 이용해주시길 바랍니다.

제5과 항공회화 2

■ 기내회화 4

승무원 : 어서 오십시오. 안녕하십니까?

승　객 : 스튜어디스님, 저….

승무원 : 예, 부르셨습니까?

승　객 : 지금 화장실 가도 됩니까?

승무원 : 예, 괜찮습니다. 아직 시간이 있으니까 다녀오십시오. 화장실은 뒤쪽에 있습니다.

승　객 : 고마워요.

:

승무원 : 여러분, 이 비행기는 곧 이륙하겠습니다. 좌석에 앉으셔서 안전벨트를 매주십시오. 그리고 테이블을 원래의 자리로 위치시켜 주십시오.

승 객 : 예, 알았어요. 미안하지만 물 좀 주세요.

승무원 : 고객님, 죄송합니다만, 곧 비행기가 이륙하기 때문에 잠시만 기다려주십시오.

승 객 : 아, 그래요? 그럼 나중에 부탁합니다.

■ 기내회화 5(기내 서비스)

승무원 : 고객님, 마실 것은 무엇으로 하시겠습니까?

승 객 : 뭐가 있습니까?

승무원 : 녹차와 커피, 그리고 오렌지 주스와 콜라, 맥주가 있습니다.

승 객 : 와인은 없습니까?

승무원 : 죄송합니다만, 와인은 없습니다. 위스키는 있는데요.

승 객 : 그럼 위스키와 커피를 부탁합니다. 따뜻한 물도 한 잔 주세요.

승무원 : 예, 알겠습니다.

:

승무원 : 여기 있습니다. 식사가 끝나셨으면 치워도 되겠습니까?

승 객 : 예, 부탁합니다. 잘 먹었습니다.

승무원 : 그럼 치워드리겠습니다.

승 객 : 고마워요.

■ 기내회화 6

승 객 : 저기요. 면세품 판매는 언제부터입니까?

승무원 : 예, 5분 후에 예정되어 있습니다만, 먼저 카탈로그를 확인해 주십시오. 카탈로그는 앞좌석 포켓에 들어있습니다.

승 객 : 제가 현금이 별로 없어서 카드로 지불하고 싶은데 괜찮을까요?

승무원 : 예. 물론 이용하실 수 있습니다.

승 객 : 그럼, 한국의 홍삼캔디와 샤넬 향수 5번을 귀국 편에 부탁합니다.

승무원 : 예, 알겠습니다. 그러면 주문서에 좌석번호를 쓰신 다음 지불방법을 체크해서 주십시오.

승 객 : 예, 알았습니다.

승무원 : 고객님, 홍삼캔디 두 상자와 샤넬 향수 5번 한 병이시죠? 두 품목에 정확히 10,000엔이 되겠습니다. 여기에 여권번호와 사인을 부탁합니다.

승 객 : 예.

승무원 : 이용해주셔서 감사합니다. 이것은 영수증입니다.

승 객 : 예, 고마워요.

■ 기내회화 7

승　객 : 저기요, 이 좌석에 이어폰이 없는데요.

승무원 : 죄송합니다. 지금 곧 가져오겠습니다. 다른 고장이나 불편한 점은 없으신지요.

승　객 : 영화채널은 몇 번입니까?

승무원 : 예, 영화채널은 7번으로 되어있고요, 채널과 음성은 팔걸이 아래쪽에 있는 리모컨으로 조정하실 수 있습니다.

승　객 : 아, 그래요? 알았습니다.

:

승무원 : 오랫동안 기다리셨습니다. 이어폰입니다.

승　객 : 아, 고마워요. 슬리퍼 있어요?

승무원 : 죄송합니다만, 슬리퍼는 비즈니스 이상의 클래스에 서비스할 수 있도록 되어있습니다.

승　객 : 예에? 그래요? 아 맞다. 입국카드를 한 장 더 주실래요? 글자가 틀려서 찢어버렸어요.

승무원 : 예, 곧 가져오겠습니다.

승　객 : 아, 이 이어폰 한쪽이 안 들리는데요?

승무원 : 정말로 죄송합니다. 곧 새 걸로 바꾸겠습니다. 다음부터는 이와 같은 일이 없도록 충분히 조심하겠습니다. 잠시만 기다려 주십시오.

■ 기내회화 8

여러분, 입국카드와 세관신고서는 쓰셨는지요. 세관신고서는 신고할 물건이 없더라도 반드시 쓰신 다음에 통관할 때 제출해주십시오. 또한, 입국카드는 1인당 1장, 세관신고서는 가족당 1장입니다.

:

승　객 : 저기요, 여기에는 뭐라고 쓰면 되요?

승무원 : 여권번호와 머무실 곳 주소와 전화번호를 쓰십시오.

승　객 : 머물 곳의 주소를 모를 때는 어떻게 하나요?

승무원 : 호텔이름과 전화번호면 됩니다.

승　객 : 한국어로 써도 괜찮아요?

승무원 : 예, 한글이든 영어든 상관없습니다.

:

여러분, 이 비행기는 잠시 후 후쿠오카 국제공항에 착륙하겠습니다. 좌석의 벨트를 다시 한 번 꼭 매주시고, 등받이와 테이블을 원래의 위치로 되돌려 주십시오.

:

승　객 : 저기요, 위스키를 한 병 더 사고 싶은데요.

승무원 : 죄송합니다만, 지금부터 착륙태세에 들어가기 때문에 면세품 판매 서비스는 종료했습니다. 양해해 주십시오.

승 객 : 아, 그렇습니까.

■ 기내 안내방송

◉ 기내 엔터테인먼트

기내에서는 각종 신문, 잡지 등을 준비하고 있습니다. 이용하실 때는 객실승무원에게 부담없이 분부해주십시오. 음악이나 영화의 음성은 모두 헤드폰으로 듣게 되어있습니다. 좌석의 팔걸이에 있는 리모컨에는 3에서 10까지 8개의 채널로 좋아하시는 프로그램을 선택할 수가 있습니다. 또한 기내의 영화는 다양한 장르의 인기영화를 준비했습니다. 채널정보와 프로그램에 대한 자세한 내용은 안내책자를 봐주십시오. 또한 불명한 점 등이 있으시면 부담없이 객실 승무원에게 말씀해주시기 바랍니다.

◉ 착륙안내

여러분 이 비행기는 잠시 후 후쿠오카 국제공항에 착륙하겠습니다. 좌석벨트를 다시 한번 단단히 매주시고 등받이와 테이블은 원래의 위치로 되돌려주십시오. 또한 창가에 계신 분들은 햇빛가리개를 열어주십시오. 또한 비행기가 완전히 멈추어 선반을 여실 때는 수하물이 미끄러져서 떨어지는 수도 있기 때문에 충분히 조심해주십시오. 지금 후쿠오카의 시각은 오전 9시 45분입니다. 후쿠오카의 하늘은 맑고 기온은 섭씨 27도입니다. 오늘은 야마토항공을 이용해주셔서 진심으로 감사드립니다. 다음에도 다시 야마토항공을 이용해주시도록 승무원 모두는 진심으로 기다리고 있겠습니다.

제7과 입국 수속

■ 입국검역장

검역관 : 검역질문서를 작성해 주십시오.

입국자 : 어머, 제가 해외여행을 자주 하지만 검역질문서는 써 본 적이 없는데요.

검역관 : 지금은 특별검역 강화기간 중입니다. 현재 전 세계에 아데노바이러스가 유행하고 있어서요.

입국자 : 그래요? 텔레비전에서 들었는데 빨리 퇴치되면 좋겠네요. 모두 두려워하고 있으니까요.

검역관 : 손님의 나라에서도 아데노바이러스의 감염을 확인했다는 정보가 들어와 있습니다. 협력을 부탁드립니다.

입국자 : 알겠습니다. 경유한 방문국이 없는 경우는 어떻게 하죠?

검역관 : 그러시다면, 거기는 쓰지 않으셔도 됩니다. 하지만 여권번호와 연락처는 꼭 써주십시오.

입국자 : 알았어요. 이걸로 됐나요?

검역관 : 예, 좋습니다. 만약 발열이나 두통 등의 증상이 있거든 이 안내서에 있는 전화로 꼭 연락해 주십시오.

입국자 : 예, 알았습니다.

■ 입국심사장

안내원 : 입국심사는 국적에 따라 다르므로 일본인은 빨간 선 입국심사대, 외국인은 노란 선으로 이동해주십시오.

입국자 : 저기요, 저는 어느 쪽으로 가면 될까요?

안내원 : 한국분이시죠? 손님은 왼쪽에 있는 1번에서 3번까지의 외국인 전용 창구가 됩니다. 저 줄을 따라서 나아가주십시오. 입국카드는 쓰셨습니까?

입국자 : 예. 썼습니다. 고마워요.

:

입국자 : (여권과 입국카드를 제출한다)

심사관 : 선글라스와 모자를 벗어주십시오.

입국자 : 예.

심사관 : 방문목적을 쓰지 않으셨는데, 어디에 가십니까?

입국자 : 아, 미안합니다. 큐슈를 관광하러 왔습니다.

심사관 : 그럼 호텔은 어디입니까?

입국자 : 후쿠오카 뉴오타니호텔입니다.

심사관 : 다음은 지문을 채취할 테니까 양손의 검지를 기계에 대주십시오. 그리고 나서 얼굴 사진도 찍으니까 그때는 카메라 렌즈를 보아주십시오.

입국자 : 예, 알겠습니다.

심사관 : 예, 됐습니다.

입국자 : 아, 벌써 끝났습니까? 수고하셨습니다.

■ 세관검사장

검사관 : 여권과 세관신고서를 제출해주십시오. 그리고 짐을 전부 검색대에 올려주십시오. 술과 담배는 있습니까?

입국자 : 예, 위스키가 2병 담배는 한 보루 있습니다.

검사관 : 반입금지품은 없습니까?

입국자 : 예? 어떤 게 반입금지입니까?

검사관 : 주로 육류나 과일 등입니다만, 좀 확인해야 하니까 가방을 열어주십시오. 이것은 뭡니까?

입국자 : 그것은 친척 농장에서 만든 수제 햄인데, 아는 분에게 선물로 주려고 가져왔습니다만.

검사관 : 안됐습니다만 해외축산품은 가공품일지라도 전부 반입금지로 되어있습니다.

입국자 : 그래요? 전혀 몰랐습니다.

검사관 : 원래 허위신고는 벌금입니다만, 상황을 참작해서 물건만 압수하고 폐기하는 것으로 하겠습니다.

입국자 : 선물인데, 어떻게 방법이 없을까요? 부탁합니다.

검사관 : 구제역의 염려가 있어서 안전을 지키기 위한 조치이니까 양해해주십시오.

입국자 : 그럼 아깝지만 할 수 없군요.

검사관 : 미안합니다. 말씀하신 그대롭니다. 이 서류에 사인을 부탁합니다.

제8과

후쿠오카에 잘 오셨습니다

■ 도착 로비

가이드 : 후쿠오카에 잘 오셨습니다. 저는 가이드인 요시나가라고 합니다. 모쪼록 잘 부탁드립니다.

여행자 1: 아, 가이드 분이군요. 잘 부탁합니다. 후쿠오카는 정말 가깝네요. 50분 만에 도착해버렸습니다.

가이드 : 그렇죠. 눈 깜짝할 사이죠.

여행자 2: 가이드님. 화장실 좀 다녀와도 될까요?

가이드 : 예. 여기서 기다리고 있겠습니다. 다음 장소까지는 40분정도 걸리니까 화장실을 이용하실 분은 다녀오십시오.

:

여행자 3: 가이드님. 약국은 어디에 있습니까?

가이드 : 약국은 저 안내데스크 오른쪽 옆에 있습니다만, 위장약이나 두통약이라면 버스 안에도 준비되어 있습니다.

여행자 3: 아, 그래요? 그럼 부탁합니다.

가이드 : 예, 알겠습니다. 그러면 여러분, 다 모이셨나요? 슬슬 버스 쪽으로 이동하겠습니다. 지금부터 주차장으로 안내해드릴 테니까 제 뒤를 따라오십시오.

:

가이드 : 여러분, 큰 짐은 버스 밑에 넣으시고 수하물만 가지고 타주세요.

여행자 1: 좌석은 지정석으로 되어있나요?

가이드 : 아니오. 자유석이니까 좋으신 자리에 앉으세요. 안전벨트를 매주십시오. 그럼 출발하겠습니다.

■ 이동(버스)

가이드 : 여러분, 호텔 체크인은 오후 2시부터이기 때문에 그 전에 식사시간을 갖도록 하겠습니다.

여행자1: 가이드님, 평판이 좋은 추천요리는 뭔가요?

가이드 : 여기는 역시 하카타 라면의 본고장이기 때문에 먼저 돈코츠 라면을 맛보시는 게 좋을 것 같아서 오늘 점심은 라면으로 해두었습니다.

여행자2: 나는 일본 우동이 먹고 싶었는데….

가이드 : 그 가게는 우동이나 메밀국수도 드실 수 있습니다.

여행자3: 나는 라면만으로는 부족하기 때문에 좀 더 양이 있는 것을 먹고 싶은데요.

가이드 : 그렇죠. 역시 남성분들이라면 라면만으로는 좀 빈약한 느낌이 들죠. 그럴 것이라고 생각해서 군만두세트와 추가 밥 세트도 준비했으니까 걱정하지 마시기 바랍니다. 또한, 곱빼기도 선택하실 수 있습니다.

여행자3: 그것 참 좋군요. 한 숨 놨습니다. 하하하.

가이드 : 여러분, 왼쪽을 보아주십시오. 저쪽에 보이는 것이 후쿠오카 명물인 야후돔이랑 후쿠오카타워 등이 있는 모모치해변 지구입니다.

여행자1: 굉장하군요. 설레네요. 이제부터가 기대되는군요. 가이드님, 닷새 동안 잘 부탁해요.

가이드 : 저야말로 잘 부탁드립니다. 이번 여행은 제게 맡겨주세요.

:

가이드 : 여러분, 슬슬 레스토랑에 도착합니다. 버스가 완전히 멈출 때까지 앉으신 채로 잠시 기다려주십시오.

■ 차멀미

여행자 : 가이드님, 미안해요. 속이 좀 안 좋은데, 차멀미 같아요.

가이드 : 아, 그렇습니까? 5분만 더 가면 휴게소인데 거기서 잠시 쉴까요?

여행자 : 걱정을 끼쳐 미안합니다. 부탁합니다.

가이드 : 아니요. 당치도 않습니다. 그곳은 전망이 좋으니까 바다를 보면서 신선한 공기를 마시면 분명히 좋아질 것입니다. 가고시마는 바닷바람이 굉장히 상쾌하죠.

여행자 : 그렇군요. 멋진 경치를 조망하면서 심호흡을 하면 꼭 좋아지겠죠.

가이드 : 약은 안 드셔도 괜찮겠습니까?

여행자 : 예. 실은 비교적 차멀미를 하기 쉬운 타입이라서 타기 전에 약을 먹었습니다. 하지만 별 효과가 없군요.

가이드 : 아, 그랬습니까? 그럼 휴식하고 나서는 되도록 앞쪽 좌석으로 옮기는 게 좋겠습니다. 바깥바람이 들어오도록 창문도 조금 열어두겠습니다.

여행자 : 예, 알겠습니다. 고마워요.

가이드 : 여러분, 이 버스는 잠시 후 사쿠라지마 휴게소에 도착합니다. 그 곳에서 20분간 휴식하고 3시 반까지는 출발하겠습니다. 가고시마만의 경치가 굉장히 멋진 곳이기 때문에 카메라를 잊지 마시기 바랍니다.

제9과 체크인

■ 호텔 도착

도어맨 : 수고하셨습니다. 센트럴호텔에 잘 오셨습니다. 짐은 제가 운반하겠습니다.

안지혜 : 고마워요. 부탁합니다.

도어맨 : 차 트렁크 등에 짐은 없습니까?

안지혜 : 트렁크 안에 수트케이스와 보스턴백이 있으니까 그것도 부탁해요.

도어맨 : 잘 알겠습니다. 수트케이스와 보스턴백이군요. 책임을 지고 운반하겠습니다. 그럼 프런트로 안내하겠습니다. 이쪽으로 오시죠.

안지혜 : 고마워요.

:

벨 맨 : 짐은 고객님 방까지 운반해드릴 테니 먼저 체크인을 하시죠.

안지혜 : 미안해요. 급한 일이 있어서 좀 서두르고 있습니다. 체크인이 끝나면 이대로 나갈 건데요. 제 짐은 방에 갖다놔주시겠습니까?

벨 맨 : 예, 알겠습니다. 그럼 조심해서 다녀오십시오.

■ 체크인 1

프런트 : 어서 오십시오.

안지혜 : 안지혜라는 이름으로 예약했는데요. 체크인 부탁해요.

프런트 : 예. 지금 확인할 테니까 잠시만 기다려주십시오. 한국의 안지혜씨죠? 오늘부터 3박이고 아침식사가 포함된 싱글 룸이군요.

안지혜 : 예, 그래요.

프런트 : 그럼 고객님, 여기에다 주소와 여권번호를 기입해주십시오. 그리고 복사를 해야 하니까 여권을 부탁합니다.

안지혜 : 주소는 서울시라고까지만 쓰면 될까요?

프런트 : 예. 그 정도로 좋습니다.

안지혜 : 전화번호는 한국 휴대폰이라도 괜찮아요?

프런트 : 아, 외국 분들의 경우는 쓰지 않아도 됩니다.

안지혜 : 그럼, 이걸로 됐나요?

프런트 : 예, 좋습니다. 방은 917호실입니다. 이 안에 카드키와 조식권이 들어있습니다. 아침식사장소는 2층과 지하1층에 있습니다만, 2층은 양식 뷔페이고 지하는 일식 레스토랑입니다.

안지혜 : 알겠습니다. 아, 그리고 모닝콜을 부탁하고 싶은데요. 사흘 전부 6시 10분 전에 울려주세요.

프런트 : 예. 웨이크 업 콜을 매일 아침 5시 50분에 말이죠? 알겠습니다. 그럼 편히 쉬십시오.

■ 체크인 2

프런트 : 어서 오십시오. 어떤 용건이신가요?

강미애 : 체크인을 하고 싶은데요.

프런트 : 예약은 하셨습니까?

강미애 : 아니오. 예약은 못했습니다.

프런트 : 그럼 며칠쯤 묵기를 희망하시는지요?

강미애 : 가능하다면 오늘부터 3박으로 하고 싶은데요.

프런트 : 어떤 타입의 방을 희망하십니까?

강미애 : 싱글로 바다가 보이는 앞쪽 방을 원하는데요.

프런트 : 죄송합니다. 지금 앞쪽 싱글 룸은 만실이고요, 남은 것은 산이 보이는 뒤쪽뿐입니다. 새미더블 룸이라면 아직 있습니다.

강미애 : 아 그래요? 새미더블 룸이란 것은 어떤 방입니까?

프런트 : 방 넓이는 싱글과 같습니다만 단, 침대 폭이 20cm정도 넓습니다. 숙박요금은 싱글보다 1,500엔 비싼 11,000엔이 되겠습니다.

강미애 : 그럼 모처럼 왔으니까 좀 호사를 누릴까… 새미더블로 부탁합니다.

프런트 : 예, 알겠습니다. 그럼 이 종이에 성함과 주소를 부탁합니다. 여권도 부탁합니다.

강미애 : 예. 여기요.

프런트 : 예. 오래 기다리셨습니다. 오늘부터 3박입니다. 이것이 방 열쇠고, 이것은 조식권과 이 주변의 지도입니다. 그럼 편히 쉬십시오.

강미애 : 고마워요. 수고하세요.

제10과

호텔 이용

■ 객실설명

벨 맨 : 고객님, 이 쪽 엘리베이터를 타시죠. 이 호텔은 처음이십니까?

오수빈 : 예. 이 호텔이 친절하고 깨끗하다고 들어서….

벨 맨 : 아, 그러십니까? 대단한 영광입니다. 틀림없이 만족하실 거라고 생각합니다. 아, 도착했습니다. 내리시죠. 여기가 1425호실입니다. 짐은 이쪽에 놓아도 되겠습니까?

오수빈 : 예. 거기에 두십시오. 고맙습니다.

벨 맨 : 룸 이용에 대해서 간단히 설명 드리겠습니다. 이 호텔은 친환경 호텔을 지향하고 있어서, 연박하시는 고객님들의 희망이 있는 경우에는 시트교환은 하지 않습니다. 물론 청소와 소모품 보충이나 베드 메이드는 제대로 실시합니다. 협력해주시는 분께는 이 호텔의 1층에 있는 편의점에서 사용하실 수 있는 500엔짜리 할인권을 선물로 드립니다. 만약 희망하신다면 내일 외출하실 때 이 카드를 침대위에 놓아주십시오.

오수빈 : 아, 그런 게 있습니까? 괜찮군요. 기꺼이 에너지 절약에 협력하지요. 그런데 랜 케이블은 어디에 있습니까?

벨 맨 : 랜 케이블은 이 서랍 안에 있습니다.

오수빈 : 고마워요. 수고하세요.

벨 맨 : 그럼 편히 쉬십시오.

■ 룸서비스

오 수 빈 : 여보세요. 여기는 1425호실인데요. 간단한 음식으로는 어떤 것이 있습니까?

프 런 트 : 아, 고객님. 그 건이라면 룸서비스에서 담당하고 있기 때문에, 이 전화를 그쪽으로 돌려 드릴 테니 잠시만 기다려주십시오.

오 수 빈 : 예, 부탁합니다.

:

룸서비스 : 여보세요. 많이 기다리게 해서 죄송합니다. 이용해주셔서 감사합니다. 가벼운 식사라면 저희 호텔이 자랑하는 해물 오코노미야키나 수제 햄 샌드위치를 권해드리고 싶습니다. 거기에다 커피나 샐러드를 추가하면 어떨까요?

오 수 빈 : 육류는 뭐가 있습니까?

룸서비스 : 육류는 거의 정식으로 되어있기 때문에 샐러드를 치킨샐러드로 하시는 게 어떨까요? 그 다음은 데리야키버거 정도입니다만….

오 수 빈 : 알겠습니다. 그럼, 샌드위치와 치킨샐러드와 커피를 하나씩 부탁합니다.

룸서비스 : 예, 알겠습니다. 20분정도 걸리는데 시간은 괜찮으시겠습니까?

오 수 빈 : 좋습니다. 오실 때 얼음물로 한 잔 부탁합시다.

룸서비스 : 예, 잘 알겠습니다. 그럼 잠시 기다려주시기 바랍니다.

■ 호텔 카지노

종업원 : 어서 오십시오. 특별히 하고 싶으신 게임은 있으십니까?

오수빈 : 아니 특별히 없어요. 카지노는 처음이라서.

종업원 : 게임은 여러 가지가 있습니다만, 초보자 분도 하실 수 있는 게임으로 가장 인기가 있는 룰렛에 도전해 보시는 것은 어떻겠습니까?

오수빈 : 아, 그렇군요. 그건 어느 쪽에 있습니까?

종업원 : 들어가셔서 왼쪽으로 꺾으시면 가장 안쪽에 있습니다.

오수빈 : 그래요? 그런데 환전은 어디서 하면 되죠?

종업원 : 이쪽을 20m정도 곧장 가시면 오른쪽에 있습니다.

오수빈 : 환전은 얼마까지 됩니까?

종업원 : 한도는 없으니까 얼마라도 이용 가능하십니다.

오수빈 : 칩은 출납에서도 살 수 있나요?

종업원 : 칩은 게임 테이블에서 직접 사주십시오.

오수빈 : 알았습니다.

종업원 : 카지노에 대해서 알고 싶은 것이 있으시면, 부담없이 안내 카운터로 와주시기 바랍니다.

오수빈 : 게임을 하는 방법은 각각의 테이블에서 설명해주겠죠?

종업원 : 예, 물론입니다. 그럼 행운을 빌겠습니다. 모쪼록 즐거운 시간 되시기 바랍니다.

시내 관광

■ 관광안내소

오수빈 : 안녕하세요. 좀 여쭤봐도 되겠습니까?

안내원 : 예, 안녕하세요. 물어보세요.

오수빈 : 후쿠오카의 도심이 자세하게 나와 있는 지도는 없습니까?

안내원 : 예, 있습니다. 어디서 오셨죠?

오수빈 : 한국 부산에서 왔습니다.

안내원 : 어머, 그래요? 잘 와주셨습니다. 한글판 지도면 되겠죠?

오수빈 : 예, 부탁합니다.

안내원 : 이거라면 건물이나 상점이름까지 상세하게 씌어 있으니까 찾기 쉬울 겁니다. 여기 있습니다.

오수빈 : 시내를 순환하는 시티투어버스는 없습니까?

안내원 : 후쿠오카 그린투어 버스가 있습니다. 요금은 800엔이고 다섯 군데를 도는 코스로 되어있습니다. 코스에 대한 상세한 내용은 이것을 읽어주십시오.

오수빈 : 고맙습니다. 그리고 내일부터는 나가사키와 구마모토를 관광할 예정인데요. 관광안내서가 있으면 도움이 되겠습니다만, 있을까요?

안내원 : 예, 있고말고요. 여기에서 몇 장인가 필요한 만큼 가져가세요.

오수빈 : 아 있었습니까? 감사합니다.

안내원 : 이것은 한국어 전화통역 서비스의 전화번호입니다. 무엇인가 곤란한 일이 있으시거든 도움이 될 거라고 생각합니다. 그럼 즐거운 여행 되시길 바랍니다.

오수빈 : 대단히 감사합니다.

■ 시내관광 1 (텐진)

이수미 : 역시 텐진이 가장 번화하네. 백화점도 몰려있고. 어머, 저 초밥집 입구에 있는 고양이는 뭐니?

유 지 : 어디? 아아, 저건 말이야. '마네키네코'라는 거야. 저렇게 한 손을 올리고 손님과 돈을 불러들인대. 일본 전국의 가게에서 곧잘 볼 수 있지.

점 원 : 어서 오세요. 어서 오세요. 오늘 이용하신 분께는 30% 깎아서 서비스 합니다.

이수미 : 있잖아, 우리말이야. 점심밥 여기서 먹자. 회전초밥이니까 별로 부담도 안 될 테고….

유 지 : 나는 라면 먹고 저녁은 후쿠오카 명물인 복어코스로 하려고 생각했는데 말야.

이수미 : 응? 복어가 후쿠오카 명물이니? 난 몰랐는데. 후쿠오카는 의외로 식도락 도시구나?

유 지 : 그럼. 복어요리에 하카타라면에 명란젓 산지이기도 하고 맛있는 걸로 가득하지.

이수미 : 하지만 일본이라고 하면 역시 초밥이니까 오늘 점심은 여기로 결정된 거다. 이걸로 내가 이긴 거지.

유 지 : 참 너란 애는 못 말리는 녀석이구나. 뭐 괜찮지. 배도 많이 고프니까. 그래 알았어. 들어가자.

점 원 : 어서 오십시오. 오늘 어시장에서 받아온 신선한 생선으로 만든 초밥입니다.

이수미 : 우와. 맛있겠다. 나는 빨간 새우부터 먹을래.

유 지 : 좀 침착해라. 넌 맛있는 것만 보면 정신을 못 차린다니까. 먼저 차를 만들고, 초생강도 담아놔야지. 나는 초밥 통이니까 계란부터 먹을 거야.

이수미 : 그래그래. 좋을 대로 하시도록. 맥주 시킬까?

■ 시내관광 2 (캐널시티)

강미애 : 히로코씨. 이 다음에는 캐널시티의 도토로 전문점으로 가봐요.

히로코 : 그렇네요. 거기는 외국 사람들에게도 꽤 알려진 것 같아요.

강미애 : 일본 애니메이션은 전 세계에서 인기가 있으니까요. 특히, 미야자키 하야오 감독의 작품은 한국에서도 팬이 많아요.

히로코 : 예에? 정말로요? 저는 한국 드라마를 좋아하는데요.

강미애 : 히로코씨, 도토로 가게를 나오면 전자제품 도매점에 가보고 싶은데 아직 시간 괜찮아요?

히로코 : 예, 오늘 하루는 미애씨를 위해 아침부터 밤까지 비워뒀으니까 마음 쓰지 않아도 되요.

강미애 : 히로코씨 덕분에 오늘은 헛걸음을 하지 않아도 돼서 큰 도움이 되네요. 고맙습니다.

히로코 : 아니요, 무슨 말씀을요. 달리 가보고 싶은 데라던가, 아직 사지 않은 선물 같은 건 없습니까?

강미애 : 그렇군요. 일본 역사책을 사고 싶은데요.

히로코 : 책은 중고서점에 가면 제법 싸게 살 수 있어요.

강미애 : 예, 그렇게 하는 게 좋을 것 같네요. 그런데 히로코씨 저녁은 무엇으로 할 생각이세요?

히로코 : 나카스에 굉장히 맛있는 메밀국수집이 있는데요….

강미애 : 정말이에요? 저 메밀국수 굉장히 좋아해요. 가끔씩은 부산에서도 먹는데, 역시 본고장의 맛을 이길 수는 없더라고요.

히로코 : 아니에요. 그렇지 않아요. 요전에 서울에서 먹었던 메밀국수는 상당히 맛있었어요.

강미애 : 그래요? 왜 부산에는 없는 걸까요.

히로코 : 아, 도토로 가게에 도착했어요.

■ 시내관광 3 (메밀국수집)

점 원 : 어서 오십시오. 몇 분이십니까?

히로코 : 두 명입니다. 바닥이 파인 방은 없습니까?

점 원 : 죄송합니다. 마침 지금 자리가 꽉 찼는데요.

히로코 : 그럼 테이블로 할게요. 미애씨 앉으세요.

점 원 : 메뉴입니다. 우리 가게의 메밀국수는 이제 금방 빻은 메밀가루를 손으로 쳐서 만들기 때문에 광택과 쫄깃한 면발이 자랑입니다.

히로코 : 저는 가모세이로로 할 건데요, 미애씨는요?
강미애 : 저는 덴뿌라소바(새우튀김 메밀국수)로 하고 싶어요.
히로코 : 그럼 가모세이로와 덴뿌라소바로 부탁합니다.
점 원 : 예, 알겠습니다. 가모세이로와 덴뿌라소바 하나씩이죠? 주문 잘 받았습니다.

:

점 원 : 오래 기다리셨습니다. 가모세이로와 덴뿌라소바 나왔습니다. 메밀국수 삶은 물도 드세요. 미용과 건강에 좋습니다.
강미애 : 와-. 맛있겠어요.
히로코 : 그렇네요. 자, 드시죠.

:

강미애 : 아, 맛있게 먹었다! 과연 히로코씨가 권해주신 가게인 만큼 맛있었어요. 잘 먹었습니다.
히로코 : 그래서 제가 여기 단골이라는 거 아니에요. 자 그럼 슬슬 가볼까요? 오늘 저녁은 제가 살게요.
강미애 : 아니에요. 오늘은 저 때문에 시간을 쓰셨으니까 제가 낼게요. 여기요, 계산해주세요.
히로코 : 그럼 못이기는 척하겠습니다. 잘 먹었습니다.
점 원 : 감사합니다. 같이 계산해드릴까요? 세금 포함해서 4,700엔이 되겠습니다.

제12과

체크아웃

■ 체크아웃 준비

프런트 : 예, 프런트입니다.
오수빈 : 여보세요? 1425호실의 오수빈인데요.
프런트 : 예, 고객님. 무슨 일이십니까?
히로코 : 저, 여권이 안 보여요. 혹시 그저께 체크인 할 때 프런트에 놓아둔 게 아닌가 해서요.
프런트 : 아, 그렇습니까? 여기도 지금은 맡아둔 여권이 없습니다만, 다시 한 번 확인하고 연락 드리겠습니다.
히로코 : 부탁합니다. 저도 다시 한 번 찾아볼게요.

:

오수빈 : 예, 오수빈인데요.
프런트 : 고객님, 아까의 여권에 대한 건입니다만, 역시 이쪽 프런트에도 없었습니다.
오수빈 : 큰일 났네…. 어쩌지? 출국시간이 다가오는데. 어? 있네, 있어! 뭐야. 여기 있었던 거야? 미안합니다. 있습니다. 베게 밑에요.
프런트 : 아, 찾으셨습니까? 다행이군요.
오수빈 : 미안합니다. 소란을 피워서.
프런트 : 아니요. 그렇지 않습니다. 그러면 실례하겠습니다.
오수빈 : 정말 미안합니다.

■ 체크아웃(개인)

오수빈 : 체크아웃 부탁합니다.
프런트 : 1425실의 오수빈씨군요. 뭔가 불편한 점은 없으셨습니까?
오수빈 : 특별한 건 없었는데요, 얼마입니까?
프런트 : 예, 지금 확인하고 있으니까 잠시만 기다려 주십시오. 냉장고는 이용하셨습니까?
오수빈 : 아, 이겁니다(체크시트를 내민다).
프런트 : 생수 2병과 맥주 3병, 견과류 안주 하나로군요.
오수빈 : 예.
프런트 : 오래 기다리셨습니다. 2박 요금에 이용하신 룸서비스와 미니 바, 소비세를 포함해서 36,780엔이 되겠습니다. 계산은 현금으로 하시겠습니까?
오수빈 : 아니, 카드로 부탁합니다. 자, 이걸로.
프런트 : 예, 알겠습니다. 잠시만 기다려주십시오. 예, 오래 기다리셨습니다. 여기에 사인을 부탁합니다.
오수빈 : 여기에 하면 되죠?
프런트 : 예, 그렇습니다. 이건 고객님의 카드와 영수증입니다. 이용해주셔서 감사합니다. 또 이용해주시기를 기다리겠습니다.
오수빈 : 예, 고마워요. 수고하세요.

■ 체크아웃(단체)

가이드 : 안녕하세요. 체크아웃 부탁합니다.
프런트 : 아, OK투어의 가이드 분이시군요. 안녕하십니까. 뭔가 불편한 점은 없으셨습니까?
가이드 : 예, 없었습니다. 전부 얼마입니까?
프런트 : 지금 확인할 테니까 잠시 기다려주십시오. 예, 오래 기다리셨습니다. 싱글 룸이 20개로 계산은 전부 25만 엔입니다. 이것이 영수증입니다.
가이드 : 정확히 25만 엔입니까?
프런트 : 예. 딱 25만 엔입니다.
가이드 : 자, 여기 있습니다. 세어보세요.
프런트 : 하나, 둘, 셋, 넷, …, 스물넷, 스물다섯. 예, 25만 엔 정확히 받았습니다.
가이드 : 열쇠는 전원 반납했나요?
프런트 : 20개의 룸 중 18개는 체크아웃 되었습니다만, 나머지 205호실과 333호실의 열쇠는 아직입니다.

:

가이드 : 이걸로 전부 돌려드린 것 같습니다만, 됐습니까?
프런트 : 예, 전부 OK입니다. 매번 감사합니다. 또 이용해주시길 기대합니다.
가이드 : 고마워요. 또 부탁드리겠습니다.

출국 수속

■ 보딩 카운터 1

직　원 : 어서 오십시오.

이수미 : 15시 50분발 부산행 713편을 예약했는데요.

직　원 : 성함과 예약번호를 부탁합니다.

이수미 : 이수미입니다. 예약번호는 잊어버렸는데요.

직　원 : 그러면 여권을 부탁합니다.

이수미 : 예, 여기 있습니다.

직　원 : 잠시만 기다려주십시오. 이수미씨군요? 오늘 15시 50분 발 부산행이네요. 예약을 확인했습니다. 짐은 하나이신가요?

이수미 : 아니요. 이 우산과 보스턴백도 부탁합니다. 이 향수는 핸드백에 넣어서 기내에 반입해도 괜찮을까요? 액체는 까다로워졌다고 들었는데요.

직　원 : 예. 그 정도라면 괜찮습니다. 그럼 계량대에 올려주십시오. 안에 위험물이나 라이터는 들어있지 않습니까?

이수미 : 예, 없습니다. 술이 들어있으니까, '파손주의' 태그를 붙여주세요. 그리고 가능하면 창가 쪽으로 자리를 부탁하고 싶은데요.

직　원 : 예, 알겠습니다. 이 태그에 사인을 부탁합니다. 창가 쪽 자리는 뒤쪽밖에 남아있지 않은데, 47의 A 좌석이라도 괜찮겠습니까?

이수미 : 예, 상관없습니다.

직　원 : 그러면 탑승권을 받으십시오. 출발 30분 전까지는 게이트 앞에서 기다려주십시오. 이용해주셔서 감사합니다.

이수미 : 감사합니다. 수고하세요.

■ 보딩 카운터 2

직　원 : 어서 오십시오. 어디까지 가십니까?

오수빈 : 오전 10시 반에 출발하는 서울행을 예약했는데요.

직　원 : 예약티켓과 여권을 부탁합니다.

오수빈 : 예. 이게 이 티켓입니다.

직　원 : 짐은 3개이십니까? 죄송하지만, 여기 계량대로 올려주시겠습니까?

오수빈 : 예.

직　원 : 고객님, 허용된 중량을 17kg초과했기 때문에 추가운임을 필요로 합니다만, 괜찮으시겠습니까?

오수빈 : 예? 17kg나 말입니까? 몇 kg까지 무료입니까?

직　원 : 20kg까지입니다.

오수빈 : 그럼 얼마 지불하면 되나요?

직 원 : 초과한 부분에 대해서는 1kg당 500엔이 추가되니까 8,500엔이 되겠습니다.

오수빈 : 뭐, 어쩔 수 없네.
(1만엔 지폐를 내면서) 그럼 이걸로 부탁합니다. 그리고 앞쪽의 통로측 좌석으로 부탁합니다.

직 원 : 예, 알겠습니다. 그럼 10,000엔 받겠습니다. 잠시만 기다려주십시오. 오래 기다리셨습니다. 먼저 거스름돈 1,500엔과 영수증입니다. 그리고 탑승권과 이것은 화물 탁송증입니다. 짐 검사가 끝날 때까지 5분 정도 기다리셨다가 안으로 들어가십시오.

오수빈 : 예, 알았습니다. 고마워요.

직 원 : 대단히 감사합니다. 다음 분 와주십시오.

■ 보안검사

보안원 1 : 여권과 탑승권을 보여주십시오.

오수빈 : 예, 여기 있습니다.

보안원 1 : 협력해주셔서 감사합니다.

:

2열로 줄을 서서 들어가십시오. 웃옷을 벗고 주머니 속에 있는 것은 전부 이 바구니 안에 넣어주십시오. 구두는 슬리퍼로 바꾸어 신어주십시오. 남성분들은 벨트를 풀어주십시오. 기내로 반입하는 액체는 투명한 비닐봉지에 넣어주십시오.

:

보안원 2 : 안에 컴퓨터가 들어있습니까?

오수빈 : 예, 노트북이 들어있는데요.

보안원 2 : 컴퓨터는 케이스에서 꺼내서 이 바구니 안에 넣어서 검색대 위에 올려주십시오.

오수빈 : 예, 알겠습니다. 이 손수건은 주머니 안에 있는 채로 괜찮습니까?

보안원 2 : 그것은 괜찮습니다.

:

보안원 3 : 예, 다음 분 앞으로 오십시오. 다리를 벌리고 양손을 올려주십시오. 탐지기가 반응하고 있습니다만, 주머니에 뭔가 금속물질이 들어있군요. 꺼내주십시오.

오수빈 : 미안합니다. 동전을 꺼내는 것을 깜빡했습니다.

보안원 3 : 예, 됐습니다. 앞으로 나아가주십시오.

:

심사관 : 여권과 탑승권을 주십시오.

면세점 쇼핑

■ 면세점 1

점 원 : 어서 오십시오. 무엇을 찾으십니까?

오수빈 : 딸아이한테 선물할 인형을 찾고 있는데요. 키티 인형은 없습니까?

점 원 : 죄송합니다. 키티 인형은 취급하지 않습니다. 봉제 곰인형은 어떻습니까?

오수빈 : 딸아이가 키티가 아니면 안 된다고 해서 꼭 그것을 사고 싶은데요. 다른 곳에도 없을까요?

점 원 : 글쎄요. 아마도 여기뿐만이 아니라 이 전체를 찾아도 없을 것이라고 생각되는데요.

오수빈 : 그래요? 그럼 할 수 없죠. 이 기모노 인형은 얼마입니까?

점 원 : 그것은 6,500엔입니다. 지금 판촉 캠페인 중인데 같은 모양을 한 미니어처 휴대폰 줄이 함께 나갑니다. 어떻습니까?

오수빈 : 좀 비싸지만 이거라면 그럭저럭 기뻐해줄지도 모르겠네요. 이걸로 주세요.

점 원 : 예, 감사합니다. 포장할 때까지 잠시 기다려주십시오. 달리 필요한 물건은 없으십니까? 사모님께 잘 어울릴 것같은 스카프도 있는데요.

오수빈 : 집사람에게는 화장품을 선물할 생각인데요. 매장은 어디입니까?

점 원 : 그렇습니까? 화장품매장은 그쪽 모퉁이를 돌면 왼쪽에 있습니다.

■ 면세점 2

점 원 : 어서 오십시오. 무엇을 찾으십니까? 정하신 메이커는 있으십니까?

안지혜 : SKⅡ의 트리트먼트 에센스 있어요?

점 원 : 아, 얼굴용 페이셜 트리트먼트 말씀이시군요.

안지혜 : 백화점에서 사는 것보다 이쪽이 싸겠죠?

점 원 : 예, 물론입니다. 정가 12,600엔의 제품이 면세가로는 7,800엔이 됩니다. 그럼 그거 하나랑 샤넬 5번 향수를 주세요.

점 원 : 고맙습니다. 이것은 5,600엔입니다. 이게 전부이십니까?

안지혜 : 예. 그렇게 부탁합니다.

점 원 : 지불은 어떻게 하시겠습니까?

안지혜 : 현금으로 부탁합니다. 얼마죠?

점 원 : 트리트먼트 에센스가 7,800엔에다가 향수가 5,600엔 더해서 14,400엔입니다.

안지혜 : 예, 이걸로 부탁합니다. 서비스용 샘플도 넣어주시겠습니까?

점 원 : 예, 알겠습니다. 15,000엔 받았습니다. 포장하는 동안 잠시 기다려 주십시오.

⋮

점 원 : 오래 기다리셨습니다. 잔돈 1,600엔입니다. 영수증은 여기 비닐봉지 안에 넣어두었으니까 비행기에서 내리실 때까지 열지 않도록 해주십시오. 대단히 감사합니다.

안지혜 : 고마워요. 수고하세요.

■ 면세점 3

이수미 : 저, 있잖아요. 카메라 배터리 있습니까?

점 원 : 예, 카메라 메이커와 모델은 무엇입니까?

이수미 : 이 카메라인데요.

점 원 : 아, 그렇습니까? 잠시만 기다려주십시오. 오래 기다리셨습니다. 이 타입에는 이 배터리가 됩니다만, 괜찮으시겠습니까?

이수미 : 그건 얼만데요?

점 원 : 예, 6,500엔입니다.

이수미 : 그거랑 16기가 메모리카드 있습니까?

점 원 : SD메모리카드 말씀이시죠? 메이커는 여러 가지가 있어서, 16기가면 가격은 대체로 2,500엔에서 3,500엔 사이입니다만.

이수미 : 저는 샌디스크 메모리를 원하는데요.

점 원 : 잠시만 기다려주십시오. 재고가 있는지 지금 좀 확인해보겠습니다.

:

점 원 : 예, 오랫동안 기다리셨습니다. 고객님, 죄송하지만 샌디스크의 16기가는 공교롭게도 품절상태입니다. 도시바 거라면 있습니다.

이수미 : 그래요? 그럼 그걸로 주세요. 얼마죠?

점 원 : 이건 3,200엔입니다. 괜찮으시겠습니까?

이수미 : 예, 부탁합니다.

점 원 : 그럼 배터리가 6,500엔, SD메모리카드가 3,200엔, 양 쪽 합해서 9,700엔입니다. 지불은 현금으로 하시겠습니까?

이수미 : 예, 현금으로 부탁합니다.

❷ 日本の敬語

1. **敬語의 정의** : 대우표현 속에서 상대를 높이 대우하는 (경의를 나타냄) 표현을 일반적으로 경어라 한다. 다만 상대를 높이 대우하는 표현의 전부가 경어라고는 할 수 없다. 같은 내용을 표현하는데 표현의 방법을 바꿈에 따라 경의를 나타내는 전용의 경어표현이 있다.

2. **敬語의 종류** : - 존경어, 겸양어A, 겸양어B, 정중어

- 언어의 표현은 보통, 말하는 자가 듣는 사람을 향해서 무언가의 화제에 대하여 말하는 것으로 성립된다. 그리하여 말하는 자와 듣는 자로 구성된 '대화의 장'과 그 대화의 장에서 말하는 자가 듣는 자에게 전하는 '전달소재로서의 화제'라는 차원을 달리하는 2종류로 나뉜다.
  * 경어도 그 성질에 따라 '대화의 장'에서의 '듣는 자에 대한 경어'와 '화제속의 인물에 대한 경어'로 크게 구별된다.

(1) 尊敬語 : 말하는 사람이 동작을 하는 주체와 상태를 높이는 말이다.

① 来賓の方々が京都へご出発になる。(動作主体)
출발하는 동작주체인 내빈들을 높이는 상태

② 先生は大変お忙しそうだ。(状態主体)
선생님께서 굉장히 바쁜 상태를 나타냄

1) パタン

お(ご) + になる (お読みになる)
あそばす (お話しあそばす ご旅行あそばす)
くださる (お話しください ご援助くださる)
なさる (お話なさる ご休憩なさる)

2) 特定の動詞に対応する

いらっしゃる (行く、来る、いる)
おっしゃる (言う)
なさる (する)
めしあがる (食べる、飲む)
くださる (くれる)
お出でになる
思し召す(おぼしめす)
召す (着る)
お休みになる
めされる (乗る)

ご覧になる

お目にかける（みせる）

3) 形容詞·形容動詞·副詞に関する敬語

お若い、お美しい、お元気だ、お早々と、ごゆっくり

4) 名詞に関する尊敬語

お(ご)…：お名前、お体、ご住所、ご職業

おん：御社、御身お大切に。

み·おみ·ぎょ：み心、おみくじ、御物(天皇·皇室に関する語に限られる)

貴：貴社、貴店

玉·高·尊·令·芳：玉稿、高見、尊父、令夫人、芳名

5) 미연형 + れる（られる）

手紙を書かれる。　　学校へ 来られる。

6) 한자 + なさる

7) 접미어

さん、（お母さん。金さん。）

さま、（みなさま。天皇 様。）

どの　(~会社殿)

8) 대명사

貴方、どなた

(2) 謙譲語

謙譲語A：말하는 사람이 동작주체를 낮춤으써 자동적으로 동작의 객체를 높이 대우하는 말

① お客さんをご案内する。

(ご案内함으로써 손님이 대우를 받는 말이 된다)

② お客様は、先輩がご案内してください。(二方面敬語)

(동작의 객체와 동작주체를 동시에 높이 대우하는 말)

겸양어 A의 주된 작용은 동작의 객체를 높이 대우하는 것이 때문에 동작주체가 낮게 대우받는 것은 그것에 의한 부차적인 작용이다. 그러므로 겸양어A에서는 동작의 객체와 주체를 동시에 높이 대우할 수도 있다.

1) パタン

お(ご) …… する (お持ちする、ご協力する)

もうしあげる (お話申しあげる、ご説明申しあげます)

いただく (お書きいただく、ご利用いただく)

にあずかる(おほめにあずかり恐縮です、ご招待にあずかり感激する)

ねがう (お話し願います、ご説明願います)

2) 겸양어A의 특정 동사

申しあげる (ご説明もうしあげます。)

いただく (お教えいただく)

さしあげる (尾 土産を さしあげます。)

うかがう「おじゃまする。参上する。(後で 研究室に伺いますので …)

存じ上げる (お父さんのことは ぞんじあげております。)

拝見する (お手紙 拝見しました。)

拝借する (過日 (かじつ) 拝借いたしました辞典)

頂戴する (結構なものを頂戴する。: 좋은 것을 받다.)

(お目玉を頂戴した。: 꾸지람을 들었다.)

(もう十分頂戴しました。: 이미 충분히 먹었습니다.)

承る (ご用命を承りありがとうございます。: 주문을 해주셔서 감사합니다)

(先陣を承る : 선봉을 맡다)

(ご意見を承る : 삼가 고견을 듣다.)

お目にかかる (お目にかかって本当に嬉しいです。)

お目にかける. ご覧にいれる。(見せる)

3) 名詞에 관한 謙譲語

お手紙、おわび、ご挨拶、ご相談、

こと·儀 (주로 편지문에 사용)

わたくしことこの度転任を命じられ、父一郎儀かねて療養中のところ、

4) 접미어

とも(わたくしとも、手前ども)

もの(うちのもの)

5) 대명사

わたくし せがれ (아들녀석: いつもせがれがごやっかいになっております。)

謙譲語B : 경어의 대상이 듣는 사람이며, 동작주체를 무조건 낮추는 말
대화의 장에서 일어나는 듣는 사람에 대한 경어이다.

① 私が案内いたしましょう。 (동작주체인 내가 낮게 대우)
② 父はあした九州へ参ります。(동작주체인 아버지가 낮게 대우)
③ 私が父を案内いたしましょう。 (○)
cf) 私が父をご案内します。 (×)
위의 경우 동작주체는 자신이거나 ウチ가 되며 へりくだる 의 느낌이 든다.
④ オリンピックには、世界中から多くの人が参加いたします。(제3자)
⑤ まもなく一番電車にが参ります。(무생물)
공공의 표현에 사용 (듣는 사람에게 정중하게 말하기 위한 경어)
→ 이미 謙譲語의 특징인 へりくだった表現がない
* 하지만 謙譲語B는 완전히 丁寧語라고 단언할 수 없는 면도 있다.
⑥ 先輩(先生)も謝恩会に出席いたしますか(손윗사람을 주체로 하는 いたす를 쓸 수 없다)
(聞き手と目上の人が動作主の場合)

**** 謙譲語A와의 차이 ****
동작을 받는 객체(受け手)를 높이 대우하는 작용이 없는 것.
단지 말하는 사람이 듣는 사람에 대하여 쓰는 말이다.

1) パタン
お (ご) ……いたす (参加いたします)

2) 겸양어 B의 특정 동사
いたす
もうす
まいる
存ずる

3) 名詞에 관한 겸양어
小 (小社、小店)
愚 (愚息、愚見)
弊 (弊社、弊店)
拙 (拙稿、拙論)
「粗末な」라는 의미
粗品、粗茶

3) 丁寧語

대화의 장에서 지금 이야기하고 있는 상대(듣는 사람, 문장어의 경우 읽는 사람)에게 경의를 나타내는 표현으로, 정중한 표현을 사용함에 따라서 전체적으로 차분하고 조심스런 느낌이드는 말이다.

* 명사 +「です」, 동사 +「ます」이용하여 정중한 말투를 쓰는 형태로 듣는 사람에 대한 경의를 표함.

① 僕はとても健康です。(말하는 자신이나 듣는 사람, 제3자에게도 관계없음)

② 世界経済は徐々に安定しつつあります。(무생물 주어)

** 그 밖에 다음과 같은 丁寧語가 있다.

「ございます」, 「なくなる」, 「存ずる」, 「いただく」, 「もうす」, 「いたす」, 「やすむ」

* 이는 문체에도 영향 줌

1) 문장 끝을「です」, 「ます」로 한 문장을 → 敬体の文章

2) 그 이외「です」, 「ます」를 사용하지 않는 경우 → 常体の文章

* 社交敬語：社会生活で「です」「ます」使う。
家庭と気のおけない友達には丁寧語抜き

3. 경어의 특이성

- 敬語的場面と心理
- 敬意のあらわしかた
- 語を添える方式の敬語

보통어에 특정어를 붙임에 따라 그 단어가 경어가 된다

- 특정어를 붙이는 위치에 따라 만드법 3가지

1) その語の上に添える形式
2) その語の下に添える形式
3) その語の上と下に添える形式

1) その語の上に添える形式

① 접두어 「お」「ご」

②「おん」, 「み」, 「おみ」, 「ぎょ (御)」 - 慣用이 고정되어 있고, 자유로이 단어에 붙어 경어화한 생산성을 잃어버리고 있다.

③「貴-」, 「玉-」, 「小-」, 「弊-」, 「拙-」 - 문서, 편지 등에 쓰는 말

【お】

≪「お」のつく語≫

① 원칙적으로 和語에 붙는다.

② 「お」가 漢語에 붙는 경우는 일상생활어화하여 漢語의식이 엷어진 단어로 거의 한정되어 있다.

ex) おしゃれ、お客、おけいこ、お正月、お天気、お嬢さん、お茶、お料理、お礼、お宅、お役、お中元、お風呂、お化粧、お電話、お菓子、お食事、お歳暮、お洗濯、お徳　(得)

③ 외래어에 붙는 경우

ex) おビール、おタオル、おトイレ

≪「お」をつけない語≫

① 본질적으로 경어표현과 반대방향인 단어, 막말, 야비어 등에 「お」를 붙이게 되면 빈정거림과 조소 등의 특수한 표현이 되어 버린다.

ex) どろぼう、乞食、はら(腹), めし(飯)、けつ(尻)

② 漢語. 외래어에는 원칙적으로 「お」를 붙이지 않는다.

[(お)를 붙인 단어의 의미]

① 「お」를 명사에 붙인 경우

* 「お」를 붙인 형식 - 존경어, 겸양어, 정중어인 경우다.

- 존경어 1. 경어의 기분을 나타내는 경우

(先生のお話は感動いたしました.)

2. 상대방의 물건과 상대에 속하는 것을 「あなたの」의 정도의 의미로서 가볍게 경의를 표할 때.

(お考えはもっともです。お話を伺いましょう。: 상대의 용건에 대해서)

- 겸양어 : 자신의 일이지만 상대에 관계되기 때문에 「お」를 붙임에 따라 겸양의 뜻을 나타내는 경우

(お手紙をさしあげます。お電話をいたします。お願いを申し上げます)

- 정중어 : 존경. 겸양만이 아니라 그것을 품위있게, 상냥하게 말할 경우. 말하는 사람의 품위를 나타내는 좋은 것으로 사용되고 있다. 원래 여성어이지만, 현재는 남성들 사이에도 사용되고 있다.

「お」를 생략해서 말해도 대우적 가치에는 관계없다.

(お米、お茶、お湯、お菓子) → '과잉경어'

* 공격의 목표가 된 말들

여성어 - おビール、おくつした

유치원생말 - お絵かき、おはじまり、おスベリ

≪「お」를 붙여도 좋은 것≫

お産、お茶、お湯、おつゆ、お菓子、お茶うけ、おおるこ、おだんご、おぜん(膳)、お椀

≪「お」를 붙이지 않아도 상관없는 것≫

年始、年始まわり、書きぞめ、彼岸、中元、迎え火、念仏、墓参り、寺、寺参り、見合い、仲人、嫁入り、披露、年玉、盆、経、通夜、七夜、悔み、祝い、神楽、裁縫、米、麦、豆粉、じゃがいも、さつまいも、かきもち、うどん、そば、夜食、夕食、赤飯、かゆ、弁当、雑煮、豆腐、さかな、さしみ、肉、野菜、葉、干菓子、まんじゅう、せんべい、ようかん、塩、しょうゆ、酢、砂糖、味噌、乳、酒、白酒、とそ、しる、みそしる、吸い物、香の物、漬物、献立、料理、味、食事、もち、すし、すまし、むすび、ビール、コーヒー、紅茶、うち、部屋、玄関、ざしき、客間、茶の間、納豆、風呂、便所、火鉢、火箸、こたつ、小皿、茶碗、湯のみ、どんぶり、どびん、しゃもじ、しゃくし、さじ、箸、鍋、釜、火、水、炭、人形、盆、店、肉屋、魚屋、酒屋、米屋、そば屋、しるこ屋、豆腐屋、風呂屋、医者、勘定、金(かね)、札、つり、友達、みやげ、尻、熱

≪관용이 고정되어 있는 경우≫

원래는 낱말 위에 「お」가 첨가 된 상태이지만, 현재는 「お」가 붙은 형태로서 한 낱말이 되어 있는 것. 「お」를 빼게 되면 다른 낱말이 되지만 한 단어의 의미를 나타내지 못하는 것.

ex) 「おかず」의 「お」를 뺀 「かず」는 별개의 「数」라는 뜻의 단어가 되면서 「おかず」의 의미는 나타내지 못하게 된다. 아래의 단어들이 그러한 경우이다.

おめでた、お参り、お札(ふだ)、おくるみ、おむつ、おしめ、おたいこ、お古、お供え(もち)、お供え物、おひる(昼食)、おこわ、おかず、おにぎり、おまじり、おひたし、おやつ、おはぎ、おでん、おはち(飯びつ)、おひつ、おしゃぶり、おはじき、おしろい、おかざり(正月の)、おまる(便器)、おたま(しゃくし)、おまけ、おなか、おでき、おめざ、おしゃべり、おしゃれ、おざなり、おせっかい、お化け

② 「お」를 형용사에 첨가할 경우

형용사에 「お」를 첨가하게 되면 존경어가 되는 경우와 정중어가 되는 경우가 있다.

(A) 존경어가 되는 경우

お忙しいことでしょう。
お早くお越し 下さい。
お 近くに 参りました。
お 美しく おなりでしょう。

(B) 정중어가 되는 경우

お寒い日ですね。
お安いお値段です。

③ 「お」를 형용동사에 첨가할 경우

형용동사에 「お」를 첨가하게 되면 존경어가 되는 경우와 정중어가 되는 경우가 있다.

(A) 존경어가 되는 경우

お元気ですか。

おすこやかにお過ごし下さい。

(B) 정중어가 되는 경우

このさたりはお静かですこと。

④「お」를 동사에 첨가할 경우

① 동사에「お」만이 붙는 것은 명령형에 한정되어 있다.

윗사람이 아랫사람에 대하여 사용하는 것으로 존경어도 겸양어도 아니다.

일종의 정중어다.

ex) ・早くお行き。　　　　・こっちへおいで。

② 동사를「お~~~になる。」,「お~~~する」등의 형식에 넣어 보면 존경어와 겸양어를 만든다.

③ 오용이다, 아니다, 인정해도 좋다는 논의가 있으면서도 많이 사용되어지는 것.

(お求めやすい。おわかりにくい。お読みにくかった) → お + v연 + 형용사식의 경어

【ご】

≪「ご」를 붙인 낱말의 의미 ≫

(1) 명사에「ご」를 붙인 경우

(A) 존경어

① 존경의 마음을 나타내는 경우

ご出席たまわり光栄に存じます。

② 상대에 속하는 상황을 「あなたの」라 말하는 과정의 의미로서 가벼운 경의를 표의

きれいな ご本ですね。

御希望はいかほどでしょうか。

御意見もっともです。

(B) 겸양어

かねて御案内のとおり御挨拶にうかがいました。

(C) 정중어

ご飯

(2) 동사에 「ご」를 붙인 경우

漢語サ변격동사에 한정되어 있다.

「ご ーーー　になる」,「ごー ー ー ー 申し上げる 」,「ご ー ー ー する」,「ご ー ー ー ー いたす」 등의 형식에 의한 존경, 겸양, 정중 등을 나타냄.

【おん】

현대어에서는 만드는 낱말이 한정되어 있다. 특정명사에 붙어 존경어를 만듦.

* 御身お大切に。
* ご清祥にお過しのおんことと存じます。
* 御礼申しあげます。
* 御社 御誌 御地　御前　御中

【み･おみ･ぎょ】

현대어에서는 접두사로서의 생산성 조어력이 없어져 거의 관용이 고정되어 있다.

* み心 み仏 み堂
* おみ足　おみくじ　おみこし
* 御製 お物

「み」, 「おみ」, 「ぎょ」는 오늘날에서는 경어접두사가 아니고 경어명사의 한 부분으로 되어 있다고 봐도 좋다. 따라서 이것을 사용하여 새로운 경어를 만들 것도 없다.

【貴】

상대에 관련된 상황에 첨가되어 존경어가 된다. 문서, 편지 등의 사용되어 지는 접두어

一 貴社　貴店　貴 地　貴家　貴会

【玉·高·尊·令·芳】

漢語에 첨가되어 존경을 나타내는 접두어였지만 조어력을 잃어버리고 고정화 되어 있다. 문서, 편지 등에 사용되는 경향이 많다.

* 玉橋　　* 高論 高説
* 尊家 尊父 尊顔　　* 令息 令夫人　　* 芳名

이러한 것들은 이미 존경어로서의 의식조차 희박해져 게다가 御를 붙여서 「御高説」, 「御尊家」, 「御令息」, 「御芳名」라 하는 형태로 사용되고 있다. 「御芳名」는 이중경어로써 잘 못되었다는 의견도 있지만 많은 사람들은 사용하고 있다.

【小·弊·拙·愚·粗】

漢語명사에 첨가되어 겸양어가 된다. 만드는 단어는 고정되어 있고 생산성은 거의 가지고 있지 않다.

① 「わたくしの」의 의미를 나타낸다.

* 小社、小店、小生
* 弊社、弊館、弊店
* 拙著、拙論、拙作
* 愚見、愚考、愚論

② 「粗末な」라는 겸손한 의미를 나타낸다.

* 粗品、粗茶、粗菓、粗餐

❸ 알아두면 편리한 동사

1) 5단동사(1그룹동사)

① [く° ぐ]

泣く	置く	働く
書く	歩く	聞く
穿く	磨く	鳴く
着く	明く	咲く
続く	泳ぐ	急ぐ
脱ぐ	騒ぐ	

② [う]

買う	習う	思う
言う	吸う	洗う
使う	払う	笑う
貰う	誘う	歌う
手伝う	扱う	

③ [つ]

待つ	持つ	打つ
立つ	勝つ	育つ

④ [る]

止まる	座る	終わる
困る	張る	始まる
切る	知る	作る
送る	降る	被る
売る	帰る	乗る
取る	通る	太る
起る	直る	残る

⑤ [ぶ]

遊ぶ	呼ぶ	喜ぶ
飛ぶ	並ぶ	選ぶ

⑥ [ぬ]

死ぬ

⑦ [む]

読む	飲む	頼む
休む	盗む	込む

住む	踏む	進む
止む		

⑧ [す]

話す	起す	消す
出す	直す	貸す
返す	渡す	干す
押す		

2) 상1단 및 하1단동사(2그룹동사)

① [- iru]

起きる	降りる	見る
借りる	居る	出きる

② [- eru]

食べる	寝る	出る
見せる	掛ける	明ける
付ける	入れる	忘れる
止める	覚える	止める

3) カ행 및 サ행변격동사(3그룹동사)

来る	する
	運動する
	研究する
	勉強する
	伝道する
	出席する
	旅行する
	宣教する
	感謝する

❹ 동사 활용표

(1) 5단동사 활용표

	기본형	어간	어미	미연형(의지형)	연용형	종지형	연체형	가정형	명령형
활용형 만드는 법				「ーう단」→ 「ーあ단」+ない 「ーう단」→ 「ーお단」+う	「ーう단」→ 「ーい단」+ます	기본형	「ーう단」 + 체언	「ーう단」 → 「ーえ단」 + ば	「ーう단」 → 「ーえ단」!
	会(あ)う 만나다	会	う	会わない 会おう	会います	会う	会う時	会えば	会え!
	書(か)く 쓰다	書	く	書かない 書こう	書きます	書く	書く時	書けば	書け!
	騒(さわ)ぐ 떠들다	騒	ぐ	騒がない 騒ごう	騒ぎます	騒ぐ	騒ぐ時	騒げば	騒げ!
	話(はな)す 말하다	話	す	話さない 話そう	話します	話す	話す時	話せば	話せ!
	立(た)つ 서다	立	つ	立たない 立とう	立ちます	立つ	立つ時	立てば	立て!
	死(し)ぬ 죽다	死	ぬ	死なない 死のう	死にます	死ぬ	死ぬ時	死ねば	死ね!
	遊ぶ (놀다)	遊	ぶ	遊ばない 遊ぼう	遊びます	遊ぶ	遊ぶ時	遊べば	遊べ!
	飲む (마시다)	飲	む	飲まない 飲もう	飲みます	飲む	飲む時	飲めば	飲め!
	乗る (타다)	乗	る	乗らない 乗ろう	乗ります	乗る	乗る時	乗れば	乗れ!
	帰る (집에 가다)	帰	る	帰らない 帰ろう	帰ります	帰る	帰る時	帰れば	帰れ!

	기본형	어간	어미	미연형(의지형)	연용형	종지형	연체형	가정형	명령형
예외	ある 있다	あ	る	ない あろう	あります	ある	ある時	あれば	あれ!

	기본형	어간	어미	미연형(의지형)	연용형	종지형	연체형	가정형	명령형
5단 특수 활용 동사	いらっしゃる 계시다/오시다/가시다	いらっしゃ	る	いらっしゃらない いらっしゃろう	いらっしゃいます	いらっしゃる	いらっしゃる時	いっしゃれば	いっしゃい!
	おっしゃる 말씀하시다	おっしゃ	る	おっしゃらない おっしゃろう	おっしゃいます	おっしゃる	おっしゃる時	おっしゃれば	おっしゃい!
	くださる 주시다	くださ	る	くださらない くださろう	くださいます	くださる	くださる時	くだされば	ください!
	なさる 하시다	なさ	る	なさらない なさろう	なさいます	なさる	なさる時	なされば	なさい!

◉ 동사의 음편(音便)

5단동사가 연용형 「て」·「た」등에 연결될 때 소리를 편하게 하기 위하여 일어나는 음운변화현상을 말한다.

종류	기본형	연용형	음편형	예			
				기본형	て	た	たり
「イ」 い음편	ーく	ーき	い	書く	書いて	書いた	書いたり
	ーぐ	ーぎ		騒ぐ	騒いで	騒いだ	騒いだり
「っ」 촉음편	ーう	ーい	っ	会う	会って	会った	会ったり
	ーつ	ーち		立つ	立って	立った	立ったり
	ーる	ーり		乗る	乗って	乗った	乗ったり
「ん」 발음편	ーぬ	ーに	ん	死ぬ	死んで	死んだ	死んだり
	ーぶ	ーび		遊ぶ	遊んで	遊んだ	遊んだり
	ーむ	ーみ		飲む	飲んで	飲んだ	飲んだり

(2) 상1단동사 활용표

	기본형	어간	어미	미연형 (의지형)	연용형	종지형	연체형	가정형	명령형
활용형 만드는 법				「(i단)る」→「ーる」+ない 「(i단)る」→「ーる」+よう	「(i단)る」→「ーる」+ます	기본형	「(i단)る」+체언	「(i단)る」→「ーえ단」+ば	「(i단)る」→ろ! 「(i단)る」→よ!
	いる (사람이있다)	い	る	いない いよう	います	いる	いる時	いれば	いろ! いよ!
	起きる (일어나다)	起き	る	起きない 起きよう	起きます	起きる	起きる時	起きれば	起きろ! 起きよ!
	着る (입다)	着	る	着ない 着よう	着ます	着る	着る時	着れば	着ろ! 着よ!
	見る (보다)	見	る	見ない 見よう	見ます	見る	見る時	見れば	見ろ! 見よ!
	降りる (내리다)	降り	る	降りない 降りよう	降ります	降りる	降りる時	降りれば	降りろ! 降りよ!

(3) 하1단동사 활용표

	기본형	어간	어미	미연형 (의지형)	연용형	종지형	연체형	가정형	명령형
활용형 만드는 법				「(e단)る」→「ーる」+ない 「(e단)る」→「ーる」+よう	「(e단)る」→「ーる」+ます	기본형	「(e단)る」+체언	「(e단)る」→「ーえ단」+ば	「(e단)る」→ろ！ 「(e단)る」→よ！
	考える	考え	る	考えない 考えよう	考えます	考える	考える時	考えれば	考えろ！ 考えよ！
	覚(おぼ)える	覚え	る	覚えない 覚えよう	覚えます	覚える	覚える時	覚えれば	覚えろ！ 覚えよ！
	変える	変え	る	変えない 変えよう	変えます	変える	変える時	変えれば	変えろ！ 変えよ！
	出る	出	る	出ない 出よう	出ます	出る	出る時	出れば	出ろ！ 出よ！
	食べる	食べ	る	食べない 食べよう	食べます	食べる	食べる時	食べれば	食べろ！ 食べよ！
	寝る	寝	る	寝ない 寝よう	寝ます	寝る	寝る時	寝れば	寝ろ！ 寝よ！

(4) カ행변격동사 활용표

기본형	어간	어미	미연형(의지형)	연용형	종지형	연체형	가정형	명령형
来る	구별없음		来（こ）らせる 来（こ）られる 来（こ）ない 来（こ）よう	来(き)ます	来(く)る	来(く)るとき	来(く)れば	来(こ)い

(5) サ행변격동사 활용표

기본형	어간	어미	미연형(의지형)	연용형	종지형	연체형	가정형	명령형
する	구별없음		させる される せず しない しよう	します	する	する時	すれば	しろ！ せよ！

⑤ 授受表現

'수수(授受)표현'이란 말 그대로 '주고받음'에 관계되는 동사표현을 일괄해서 가리키는 말이다. 우리말에서는 '주다', '받다'라는 말로 수수(授受)에 관계되는 모든 표현이 간단히 해결되지만, 일본어의 수수표현은 우리말과 쓰임이 다르기 때문에 특히 유의해야 한다. 예를 들어 우리말에서는 내가 타인에게 주는 것도 '주다'이고 남이 내게 주는 것도 '주다'인데, 일본어에서는 누가 주체가 되어서 어느 방향으로 주고받느냐에 따라 각기 다른 동사를 사용한다. '수수표현'에 사용되는 동사들(授受動詞)을 간단히 정리하면 다음과 같다.

〈일본어와 한국어의 수수동사〉

일본어		한국어	일본어	한국어
나 →남 제3자 →제3자	あげる	주다	もらう	받다
	やる			
	さしあげる	드리다		
남 →나	くれる	주다	いただく	주시다
	くださる	주시다		

일본어의 수수표현을 예문을 통하여 살펴보자. (예문에서 밑줄 친 부분이 주어임)

우리말의 '주다'에 해당하는 일본어 동사에는 다음 예문 ① ② ③과 같이 내가 남에게, 또는 제3자가 제3자에게 주는 「あげる(さしあげる)·やる」가 있다. 「さしあげる」는 「あげる」보다 겸손한 말로 웃어른에게 사용하는데 우리말의 '드리다'에 해당한다. 또한 「やる」는 손아래사람에게 뭔가를 주거나 동식물에게 먹이를 주는 경우에 사용한다. 단, 남자는 친한 친구사이에 쓸 수 있지만 일반적으로 「あげる」를 많이 사용한다.

① 私は田村さんに本をあげました : 나는 다무라씨에게 책을 주었습니다.
(나 → 야마다씨)

② 友達は先生に辞書をさしあげました : 친구는 선생님께 사전을 드렸습니다.
(친구 → 선생님)

③ 私は今朝、犬に餌をやりました : 나는 오늘 아침, 개한테 사료를 주었습니다.
(나 → 개)

다음으로 예문 ④ ⑤ ⑥과 같이 남이 나에게 주는 경우, 즉 다른 사람이 화자(話者) 또는 화자 쪽의 사람(자기형제나 가족 등)에게 주는 경우에 사용하는 「くれる(くださる)」가 있다.

「くださる」는 「くれる」의 존경어로 우리말의 '주시다'에 해당한다.

④ あなたは私に鉛筆をくれました : 당신은 나에게 연필을 주었습니다.

(당신 → 나)

⑤ あなたは(私の)弟にお菓子をくれました : 당신은 (나의)남동생에게 과자를 주었습니다.

(당신 → 나의 남동생)

⑥ 先生は私に消ゴムをくださいました : 선생님은 저에게 지우개를 주셨습니다.

(선생님 → 나)

다음으로 우리말의 '받다'에 해당하는 일본어동사 「もらう(いただく)」는 자기나 혹은 다른 사람이 누군가로부터 무엇인가를 '받다'라는 뜻을 나타낼 때 사용한다. 「いただく」는 「もらう」의 겸손한 말로 윗사람에게 받았을 때 사용한다.

⑦ 私はあなたに(から) お金をもらいました : 나는 당신에게(서) 돈을 받았습니다.

(나 ← 당신)

⑧ 私は先生に(から) 鉛筆をいただきました : 나는 선생님께 연필을 받았습니다.

(나 ← 선생님)

예문 ④와 ⑦, 예문 ⑥과 ⑧은 결국 같은 뜻이지만 「くれる(くださる)」는 주는 사람 쪽이 주어가 되고 「もらう(いただく)」는 받는 사람 쪽이 주어가 된다는 점이 다르다.

■ 일본어에서는 授受動詞를 보조동사로 사용한 「Vて 授受動詞」의 표현도 가능하다. 이 경우에는 물건이라기보다 어떤 이익(혜택)을 주고받게 된다.
먼저 우리말의 '-해 주(시)다'에 해당되는 표현으로는 「Vてあげる·やる·くれる(くださる)」가 있고 '-해 드리다'에 해당되는 표현으로는 「Vてさしあげる」가 있다. 단독으로 쓰일 때와 같이 내가 남에게 무엇인가를 해주는 경우에는 예문 ①, ②와 같이 「Vてあげる(さしあげる)·やる」, 남이 나(자기형제나 가족)에게 무엇인가를 해주는 경우에는 예문 ③④와 같이 「Vてくれる(くださる)」를 사용한다.

① 私は友達にドイツ語を教えてあげた : 나는 친구에게 독일어를 가르쳐주었다.

(나 → 친구)

② 私は弟に漫画を読んでやりました : 나는 남동생에게 만화책을 읽어주었습니다.

(나 → 남동생)

③ 母が私に料理を教えてくれた : 엄마가 내게 요리를 가르쳐주었다.

(언니 → 나)

④ 友達は妹にノートを買ってくれました: 친구는 여동생에게 노트를 사주었습니다.

(친구 → 나의 여동생)

다음으로 「Vてもらう（いただく）」는 누군가로부터 '-해받다'라는 뜻으로 우리말에는 없는 표현이다. 이것은 누군가가 누군가를 위해 무엇인가를 '-해주다'라는 표현이다.

⑤ 私は姉にテニスを教えてもらいました: 나는 언니에게 테니스를 가르쳐받았습니다.
(나 ← 언니)
(언니는 내게 테니스를 가르쳐주었습니다.)

예문 ③에서의 「Vてくれる」와 ⑤에서의 「Vてもらう」는 결국 같은 뜻이지만 어감상 약간의 차이가 있다. 「Vてくれる」는 단순한 사실을 진술하는 느낌이지만 「Vてもらう」는 남이 베풀어주는 은혜나 혜택에 대한 고마움을 잘 드러낼 수 있는 표현이므로 일반적으로 일본사람들은 「Vてもらう」라는 표현을 즐겨 사용한다.

❻ アスペクト(아스펙트)

●●● アスペクト(아스펙트) 1

1) 정의

아스펙트는 상(相) 또는 태(態)라는 문법 용어로 표기되기도 하는데 동사에 의해서 나타나는 동작이 완료했는지 하지 않았는지, 시간 속에서 어떻게 경과되고 있으며, 어떠한 상태로 있는가, 즉 동작의 진행과 상태를 나타내는 표현이다.

일본어에서는 [~ている], [~てある]형을 말하며, [~ている]가 진행뿐만이 아니라 상태의 의미도 있다는 점에서 예외는 있지만, 한국어와 다른 점이 있기 때문에 주의해야 한다.

(1) 자동사(自動詞)와 타동사(他動詞)

종 류	자 동 사		타 동 사	
한 쌍이 되는 동사	開く 閉まる 落ちる 並ぶ 起きる 出る 見える 始まる 入る 集まる つく	열리다 닫히다 떨어지다 늘어서다 일어나다 나가다 보이다 시작되다 들어가다 모이다 불이 켜지다	開ける 閉める 落とす 並べる 起こす 出す 見る 始める 入れる 集める つける	열다 닫다 떨어뜨리다 늘어놓다 일으키다 내다 보다 시작하다 넣다 모으다 불을 켜다
동일한 형태	笑う 吹く 働く 引く	웃다 불다 일하다 빠지다	笑う 吹く 働く 引く	비웃다 불다 작용하다 빼다
자동사 뿐인 것	ある いる 行く 来る 死ぬ 眠る	있다 있다 가다 오다 죽다 잠들다		
타동사 뿐인 것			読む 書く 飲む 食べる 着る 投げる 植える	읽다 쓰다 마시다 먹다 입다 던지다 심다

(2) 동사의 종류

종 류	의 미	예	비 고
상태동사	시간관념을 지니지 않는 시간초월동사	ある、いる、要る、出きる등	「ている」, 「てある」가 붙지 않음
계속동사	진행	食べる、書く、歩く、話す、降りる、泣く、飛ぶ、する	「ている」가 붙어 진행형을 나타냄
순간동사	상태(순간적으로 그 동작이 끝난 상태의 지속	死ぬ、落ちる、始まる、開く、帰る、知る、終わる、つく、結婚する	「ている」가 붙어 상태를 나타냄.
특수상태동사	시간관념을 지니지 않으며, 어떤 상태를 나타내는 동사	優れる(뛰어나다) そびえる(치솟다) とがる(뾰족하다)	주로 「ている」형태로 쓰임
순간계속동사	순간동사 - 상태 계속동사 - 진행	* 父はソウルへ行っている。 (아버지는 서울에 가 있다) * 私は今大学へ行っている。 (나는 지금 대학에 다니고 있다)	순간, 계속 모두에 속하는 동사

●●● アスペクト(아스펙트) 2

1) 종류

アスペクト	형태		비고	정리
진행	자동사+ている	①	계속동사 + ている(계속진행)	자동사 + ている(진행) 자동사 + ている(상태) 타동사 + ている(진행) 타동사 + ている(상태) 타동사 + てある(상태)
	타동사+ている	②	순간.계속동사 + ている(의지적진행)	
상태	자동사+ている	③	순간동사 + ている(결과상태,계속진행	
	타동사+ている	④	순간.계속동사 + てある(타의적 상태)	

(1) 진행표현

① 계속진행 : 자동사(계속동사) + ている (~고 있다)

例) 雪が降っている (눈이 오고 있다)

子供が泣いている (어린이가 울고 있다)

鳥が空を飛んでいる (새가 하늘을 날고 있다)

② -1의지진행 : 인간의 이지직인 행위, 행동으로 주체가 사람이다.

타동사 + ている (~고 있다)

例) 窓を閉めている (창문을 닫고 있다)

彼は今勉強をしている (그는 지금 공부를 하고 있다)

手紙を書いている (편지를 쓰고 있다)

コーヒーを飲んでいる (커피를 마시고 있다)

- 2습관, 경험, 능력, 계속, 상태를 나타내는 진행

타동사 + ている (~고 있다)

例) 毎朝新聞を読んでいる (아침마다 신문을 읽고 있다. -습관)

その映画はもう見ている (그 영화는 벌써 보았다. -경험)

日本語は知っている (일본어는 알고 있다. -능력)

いつも眼鏡をかけている (언제나 안경을 쓰고 있다. -계속)

彼は黄色い服を着ている (그는 노란 옷을 입고 있다. -상태)

(2) 상태표현

③ 결과상태 : 자동사(순간동사) + ている (~고 있다)

例) 窓が開いている (창문이 열려 있다)

人が並んでいる (사람이 줄 서 있다)

道が曲がっている (길이 구부러져 있다)

それは知っている (그것은 알고 있다)

④ 의지적 상태, 결과지속 : 타동사 + てある(~져 있다)

例) 窓があけてある (창문이 열려져 있다) ※ 누군가에 의해서 이루어진 상태

電気がつけてある (전기불이 켜져 있다)

子供たちを教室に集めてある (아이들이 교실에 모여 있다)

そのことはもう話してある (그 부분은 벌써 이야기 했다)

2) 상태를 나타내는 [자동사 + ている] [타동사 + てある] 의 차이

窓が開いている (창문이 어떤 의도나 의지와 관계없이 결과적으로 열려있는 상태)

窓が開けてある (누군가에 의해서 의도적으로 열려 있는 상태)

3) 한국어와 혼동하기 쉬운 [ている]의 표현

金さんはご飯を食べています. (김씨는 밥을 먹고 있습니다 -진행)

(김씨는 밥을 먹었습니다 -상태)

車が来ている. (차가 오고 있다 -진행)

(차가 와 있다 -상태)

私は結婚しています. (저는 결혼 했습니다 -상태)

金さんの成績はとても優れています. (김씨의 성적은 매우 뛰어 납니다 -상태)

私は彼を愛しています. (나는 그를 사랑 합니다 -상태진행)

家族の名称

	우리 가족	상대방 및 제3자의 가족	가족끼리 부를 경우
아버지	父(ちち)	お父(とう)さん	お父(とう)さん、パパ
어머니	母(はは)	お母(かあ)さん	お母(かあ)さん、ママ
형	兄(あに)	お兄(にい)さん	お兄(にい)さん、~ちゃん
누나	姉(あね)	お姉(ねえ)さん	お姉(ねえ)さん、~ちゃん
남동생	弟(おとうと)	弟(おとうと)さん	名前(なまえ) + ~ちゃん
여동생	妹(いもうと)	妹(いもうと)さん	名前(なまえ) + ~ちゃん
남편	主人(しゅじん) 夫(おっと)	ご主人(しゅじん)	あなた、名前(なまえ) + さん
아내	家内(かない) 妻(つま)	奥(おく)さん	お前(まえ)、名前(なまえ) + さん
아들	息子(むすこ)	息子(むすこ)さん	名前(なまえ) + ~ちゃん
딸	娘(むすめ)	娘(むすめ)さん お嬢(じょう)さん	名前(なまえ) + ~ちゃん
아이	子供(こども)	お子(こ)さん	
양친	両親(りょうしん)	ご両親(りょうしん)	
조부	祖父(そふ)	おじいさん	おじいさん
조모	祖母(そぼ)	おばあさん	おばあさん
사촌	いとこ	いとこの方(かた)	
조카	おい、めい	おいごさん めいごさん	

저자약력

이수경
- 부산외국어대학교 일본어과 졸업. 동대학 문학석·박사학위 취득.
- 부산외대, 경남정보대, 천안백석대 강사 역임.
- 현) 부산외국어대학교 비즈니스일본어학과 외래교수
  경남정보대학 호텔관광경영학과 외래교수
  한국방송통신대학교 부산지역대 출강
  부산지방경찰청 외사과 사건전담 통역사

■ 저서
- 각종 일본어시험 대비를 위한 일본어 독해I 공저. 2007
- 일본어독해 Ⅰ·Ⅱ 공저. 2007
- 문학으로 배우는 일본어 독해 Ⅱ 공저. 2008
- 일본어 강독 Ⅰ. 공저 2011

김재훈
- 부산외국어대학교 일본어과 졸업.
- 동명대학교 호텔·관광경영학과 석사.
- 동의대학교 호텔·관광·외식경영학과 박사과정.
- 현) 부산외국어대학교 비즈니스일본어학과 겸임교수
  (주) 해맑은여행 대표이사
- E-mail: k2tourl@hotmail.com

안영철
- 동국대학교 일문과 졸업
- 일본 도오카이대 석·박사과정 수료
- 동국대, 남서울대, 동의대, 동아대, 부산외대, 동아대, 신라대, 동명대 강사 역임
- 아리랑TV 일본어팀장, 광주여대 전임강사 역임
- 현) 한국표준협회 일본연수 전문위원.

■ 저서
- 『뉴 네트워크 일본어』(초·중·고급 각 공저)

■ 번역서
- 『파워볼링』, 『전해환원수』, 『의술은 국경을 넘어』, 『도요타 혁신시스템』, 『도요타 판매전략』, 『우리 회사도 도요타 생산방식』

호텔·관광 실무 일본어 회화

2011년 3월 15일 초판1쇄 인쇄
2011년 3월 21일 초판1쇄 발행

저 자 이수경·김재훈·안영철
펴낸이 임 순 재
펴낸곳 **한올출판사**
등록 제11-403호
121-849
주 소 서울시 마포구 성산동 133-3 한올빌딩 3층
전 화 (02)376-4298(대표)
팩 스 (02)302-8073
홈페이지 www.hanol.co.kr
e-메 일 hanol@hanol.co.kr
정 가 16,000원 (CD 포함)

저자와의 협의하에 인지생략

■ ISBN 978-89-94948-11-9